本书为山东省社科规划研究项目研究成果（项目批准号：22CDCJ19）；中共山东省委党校（山东行政学院）重大项目攻关创新成果。

新视界
新观察

领导干部数字化能力
提升问题研究

孙学立 ● 著

Study on the Improvement of
Digital Capabilities for Leading Cadres

中国社会科学出版社

图书在版编目（CIP）数据

领导干部数字化能力提升问题研究 / 孙学立著.
北京：中国社会科学出版社，2024. 10. -- ISBN 978-7-
5227-4319-6

Ⅰ. C933-39

中国国家版本馆 CIP 数据核字第 2024GU8429 号

出 版 人	赵剑英
责任编辑	黄　山
责任校对	郝阳洋
责任印制	李寡寡

出　　版	中国社会科学出版社
社　　址	北京鼓楼西大街甲 158 号
邮　　编	100720
网　　址	http://www.csspw.cn
发 行 部	010-84083685
门 市 部	010-84029450
经　　销	新华书店及其他书店

印　　刷	北京明恒达印务有限公司
装　　订	廊坊市广阳区广增装订厂
版　　次	2024 年 10 月第 1 版
印　　次	2024 年 10 月第 1 次印刷

开　　本	710×1000　1/16
印　　张	12.5
字　　数	215 千字
定　　价	68.00 元

序

国家数据局发布的《数字中国发展报告（2023 年）》指出，2023 年数字经济核心产业增加值估计超过 12 万亿元，占GDP 比重 10%左右，"数字中国建设将与我国加快发展新质生产力同频共振、协同发力，成为推动质量变革、效率变革、动力变革的重要引擎"。当前，国际形势和社会发展日新月异，高科技技术层出不穷，我们的干部队伍，现在也确实存在一些"本领恐慌"的事实。事业兴衰，关键在人，关键在干部。党的十八大以来，以习近平同志为核心的党中央高度重视干部的培养、选拔与任用，强调全面建设社会主义现代化国家，必须有一支政治过硬、适应新时代要求、具备领导现代化建设能力的干部队伍。

党的二十届三中全会强调，要全面提高干部现代化建设能力。新征程上，数字治理能力日臻成为领导干部调查民意、研究工作的新本领，领导干部的数字能力水平在因地制宜发展新质生产力，推进中国式现代化进程中显得尤为重要。因此，如何持续增强干部的数字思维力、数字应用力和数字发展力，强化履职担当，更好更实地为当地经济社会发展作出积极贡献是时代赋予我们的一张紧迫而重要的"数字问卷"。基于此，本书的出版具有较强的时代价值和研究意义。

2022 年 6 月发布的《国务院关于加强数字政府建设的指导意见》中指出，要"把提高领导干部数字治理能力作为各级党校（行政学院）的重要教学培训内容，持续提升干部队伍数字思维、数字技能和数字素养"。作者在省市委党校从事教学科研工作二十多年，对党员领导干部的工作性质和工作能力较为熟悉，研究提升领导干部现代化能力建设应该属于分内之事。书中对几十名各级领导干部深度访谈和大量调研问卷，为本书的研究奠定了坚实基础，定性研究和定量研究相结合的方法，具有很强的理论说服力。因此，本书的出版无论是对于领导干部如何提升数字化能力，还是学界关于领导干部现代化履职能力的学术研究，都具有一定的参考指导意义。

温州大学　蒋天虹教授

2024 年 8 月

导　言

党的二十大报告指出，"全面建设社会主义现代化国家，必须有一支政治过硬、适应新时代要求、具备领导现代化建设能力的干部队伍"。新时代新征程，全面建成社会主义现代化强国、实现第二个百年奋斗目标的历史任务已经摆在党和人民面前。实现中华民族伟大复兴进入了不可逆转的历史进程，而确保这一历史进程不可逆转、不可阻挡的关键因素在于高素质干部队伍的有力支撑。"国有贤良之士众，则国家之治厚；贤良之士寡，则国家之治薄。"① 显然，干部队伍是推进中国式现代化的"领头羊""带头雁"，中国式现代化的成色乃至成败，关键在于干部队伍的能力强弱、水平高低、能否经得起风吹雨打以及干部队伍建设能否赶得上中国式现代化发展的现实需要。领导干部是党和国家事业发展的"关键少数"，是党和国家事业的中坚力量。建设堪当民族复兴重任的高素质干部队伍，必须有力解决领导干部队伍中存在的本领恐慌、能力不足问题。

① 《墨子·尚贤（上）》。

当前,我国经济社会发展快速进入数字时代,数字技术对人们的生产方式、生活方式和治理方式带来深刻变革,各领域各行业都面临数字化转型的要求,同时也对政府治理水平和领导干部履职能力提出了新挑战。数字时代,政府治理的内涵和外延都发生了空前的变化,社会生产力的发展和生产关系正在重塑,传统政府治理模式和治理手段面临一系列挑战,人民群众随时可通过互联网对政府治理行为进行监督和质询,这就要求国家治理体系和治理能力现代化必须快速适应数字化带来的变革。但由于数字政府转型进度不一,在数据共享、数据开放、数据创新上仍显不足。作为政府治理行为主体的领导干部,面临不断运用大数据优化治理体系和运行逻辑的需要,以及满足人民群众对政府治理的新期待。显然,数字治理是促进政府改革、服务和创新的需要,是加快推动国家治理体系和治理能力现代化的必然选择。领导干部对数字化的理解程度和数字化思维准确识变、科学应变的能力,既是政府数字化改革的重要一环,又是我国全民数字素养与技能提升的重要决定因素。

高素质领导干部队伍建设是治国理政之要,且数字治理能力已成为新时代领导干部的必备本领。在一定程度上说,领导干部数字治理能力的强弱,将会直接影响一个地区产业经济、公共服务、社会治理、城市生活等方面的现代化建设进度。新发展阶段实施数字强国战略,必须提高领导干部对数字化规律的把握能力、对数字化治理的运用能力和对数据安全的保障能力，带头学习运用数字化手段提升政府管理服务水平，推动治理方式向数字化转型，为推进国家治理体系和治理能力现代化提供有力支撑。面对新时代、新征程、新任务，提高领导干部数字素养和数字治理能力，对全面建设社会主义现代化国家、全面推进中华民族伟大复兴具有重要意义。

本书基于提升领导干部数字化能力为研究对象，运用程序式扎根理论和调查问卷数据，采用定性和定量相结合的分析方法，通过实证研究，得出影响领导干部数字能力的因素包括个人因素、组织因素和技术因素，并揭示领导干部数字能力是多种因素共同影响的。在借鉴国内外先进地区数字政府建设和提升领导干部数字化能力的经验基础上，作出领导干部数字化能力提升的路径选择。

目　　录

第一章　导论

党的二十届三中全会指出，健全常态化培训特别是基本培训机制，强化专业训练和实践锻炼，全面提高干部现代化建设能力。事业兴衰，关键在人，关键在干部。要坚决贯彻以习近平同志为核心的党中央决策部署，持续推动干部队伍能力建设取得新进展、新突破。当前，我国经济社会发展快速进入数字时代，数字技术给人们的生产方式、生活方式和治理方式带来深刻变革，各领域、各行业都面临数字化转型的要求。领导干部作为党和国家事业发展的"关键少数"，是推进数字政府建设的中坚力量。党的二十届三中全会在深化党的建设制度改革部分，提出要"全面提高干部现代化建设能力"；在加快构建促进数字经济发展体制机制部分，提出要"提升数据安全治理监管能力"。因此，建设堪当民族复兴重任的高素质干部队伍，必须有力解决领导干部队伍中存在的本领恐慌、能力不足问题。面对新时代、新征程、新任务，增强高质量发展本领，提高领导干部数字素养和数字化能力，对全面建设社会主义现代化国家、全面推进中华民族伟大复兴具有重要意义。

第一节　研究背景

2023 年 2 月 27 日中共中央、国务院印发的《数字中国建设整体布局规划》提出，建设数字中国是数字时代推进中国式现代化的重要引擎，是构筑国家竞争新优势的有力支撑。习近平总书记在中央党校建校 90 周年庆祝大会暨 2023 年春季学期开学典礼上指出，履行好党和人民赋予的新时代职责使命，领导干部必须全面增强各方面本领，努力成为本职工作的行家里手①。高素质干部队伍建设是治国理政之要，新发展阶段实施数字强国战略，必须提高领导干部对数字化规律的把握能力、对数字化治理的运用能力和对数据安全的保障能力，带头学习运用数字化手段改进政府管理服务，推动治理方式向数字化转型，为推进国家治理体系和治理能力现代化提供有力支撑。

一　百年未有之大变局对干部素质带来新挑战

当前，中华民族伟大复兴战略全局在机遇和挑战并存、不确定难预料因素增多等情形下面临不少躲不开、绕不过的深层

---

① 习近平：《在中央党校建校 90 周年庆祝大会暨 2023 年春季学期开学典礼上的讲话》，《求是》2023 年第 7 期。

次矛盾，"两个大局"同步交织、相互激荡、相互影响、互为机遇，由此决定了中国式现代化发展面临着新的战略机遇、新的战略任务、新的战略阶段、新的战略要求和新的战略环境，中国式现代化需要应对的风险和挑战、需要解决的矛盾和问题比以往更加错综复杂。无论是抓住新的战略机遇、完成新的战略任务、把握新的战略阶段、满足新的战略要求、置身新的战略环境，还是应对复杂局面、化解风险挑战，都需要培养、造就一支德才兼备、忠诚干净又有担当的高素质专业化干部队伍。抓住新的战略机遇，要求我们的干部在国际力量对比深刻调整以及由此带来的机遇和挑战都有新的发展变化中善于抓住稍纵即逝的发展机遇；完成新的战略任务，要求我们的干部在全面建成社会主义现代化强国新的"两步走"战略任务中承担好自己的使命任务；把握新的战略阶段，要求我们的干部深刻洞察和全面把握新发展阶段是社会主义初级阶段中的一个阶段，同时是其中经过几十年积累、站到了新的起点上的一个阶段，并据此积攒乘势而上的能量；满足新的战略要求，要求我们的干部准确把握新发展阶段、深入贯彻新发展理念、加快构建新发展格局、全力推动高质量发展；置身新的战略环境，要求我们的干部在世界进入新的动荡变革期和不稳定性、不确定性明显增加的国内外环境下坦然置身其中并把握其间的稳定性和确定性。与此同时，应对复杂局面，要求我们的领导干部必须增强忧患意识，坚持底线思维，做到居安思危、未雨绸缪，能够经受风高浪急甚至惊涛骇浪的重大考验；化解风险挑战，要求我们的领导干部储备化解各种风险挑战的能力。

二　中国式现代化目标需要高素质干部队伍的支撑

中国式现代化既有各国现代化的共同特征，更有基于自己国情的中国特色，这就要求我们的干部不仅要具备推进现代化建设的一般素质和通用能力，而且要具备推进中国式现代化的体现中国特色的干部素质及相关能力。人口规模巨大的现代化，要求我们的干部在现代化建设中必须立足于 14 亿多人口的基本国情，想问题、作决策、办事情，既不好高骛远也不因循守旧，在保持历史耐心中坚持稳中求进、循序渐进、持续推进；全体人民共同富裕的现代化，要求我们的干部必须坚持以人民为中心的发展思想，坚持把实现人民对美好生活的向往作为现代化建设的出发点和落脚点，着力维护和促进社会公平正义；物质文明和精神文明相协调的现代化，要求我们的干部不仅要不断厚植现代化的物质基础，同时要大力发展社会主义先进文化，在促进物的全面丰富和人的全面发展中加强协调性；人与自然和谐共生的现代化，要求我们的干部要像保护眼睛一样保护自然和生态环境，坚定不移走生产发展、生活富裕、生态良好的文明发展道路，在实现中华民族永续发展中实现自己的人生抱负；走和平发展道路的现代化，要求我们的干部必须坚定站在历史正确的一边、站在人类文明进步的一边，高举和平、发展、合作、共赢旗帜，在坚定维护世界和平与发展、谋求中国自身发展中实现中国式现代化建设的目标。中国式现代化的本质要求，呼唤我们的干部必须具备与此相适应的基本素养及相关能力：在"坚持中国共产党领导"这一领导力量上不折不扣，在"坚持中国特色社会主义"这一方向道路上决不动摇，在"五位一体"发展上包括经济的"实现高质量发展"、政治的"发展全过程人民民主"、文化的"丰富人民精神世界"、社会的"实现全体人民共同富裕"、生态的"促进人与自然和谐共生"等统筹推进，在"推动构建人类命运共同体"这一对外关系上始终坚守，在"创造人类文明新形态"这一世界贡献上彰显人类情怀。概言之，中国式现代化的本质要求呼唤我们的干部必须具备坚定的政治立场、崇高的理想信念、持续的系统观念、深远的世界眼光和宽广的国际视野。

党的二十大报告在论及"建设堪当民族复兴重任的高素质干部队伍"时指出，"全面建设社会主义现代化国家，必须有一支政治过硬、适应新时代要求、具备领导现代化建设能力的干部队伍"。这是将中国式现代化与高素质干部队伍关联起来并道出了中国式现代化呼唤高素质干部队伍的要求。新时代、新征程，全面建成社会主义现代化强国、实现第二个百年奋斗目标的历史任务已经摆在党和人民面前。实现中华民族伟大复兴进入了不可逆转的历史进程，而确保这一历史进程不可逆转、不可阻挡的关键因素在于——我们党在长期探索和艰苦实践的基础上成功推进和拓展了中国式现代化。《墨子》中有言,"国有贤良之士众,则国家之治厚;贤良之士寡,则国家之治薄"。无疑,干部队伍是推进中国式现代化的"领头羊""带头雁",中国式现代化的成色乃至成败,关键在于干部队伍的能力强弱、水平高低、能否经得起风吹雨打以及干部队伍建设能否赶得上中国式现代化发展的现实需要。具体来说,推进中国式现代化所面临的严峻复杂形势以及中国式现代化的中国特色、本质要求、重大原则和需要正确处理好的若干重大关系等,都从不同角度强烈呼唤高素质干部队伍。

三 数字时代要求干部能力与时俱进

大数据时代,政府治理的内涵和外延都发生了空前的变化,社会生产力的发展和生产关系正在重塑,传统政府治理模式和治理手段面临一系列挑战,人民群众随时可通过互联网对政府治理行为进行监督和质询,这就要求国家治理体系和治理能力现代化必须快速适应数字化带来的变革。但由于数字政府转型进度不一,在数据共享、数据开放、数据创新上仍显不足。一方面作为政府治理行为主体的领导干部,需要面临不断运用大数据优化治理体系和运行逻辑的需要,以及满足人民群众对政府治理的新期待;另一方面,数字治理是促进政府改革、服务和创新的需要,是加快推动国家治理体系和治理能力现代化的必然选择。领导干部对数字化的理解程度和数字化思维准确识变、科学应变的能力，既是政府数字化改革的重要一环，又是我国全民数字素养与技能提升的重要决定因素。

高素质干部队伍建设是治国理政之要，数字治理能力已成为新时代领导干部的必备本领。从一定程度上说，领导干部数字治理能力的强弱，将会直接影响一个地区产业经济、公共服务、社会治理、城市生活等方面的现代化建设进度。新发展阶段实施数字强国战略，必须提高领导干部对数字化规律的把握能力、对数字化治理的运用能力和对数据安全的保障能力，带头学习运用数字化手段提升政府管理服务水平，推动治理方式向数字化转型，为推进国家治理体系和治理能力现代化提供有力支撑。

四 人工智能对于政府治理的影响

政府治理可以理解为是一种制度化运行的过程，技术进步对政府治理的重塑也即意味着对整个既有制度体系的颠覆和重构，正如拉里·唐斯指出的那样："技术呈指数增速变化，但社会、经济和法律制度的变化非常缓慢。颠覆性技术最终都会要求剧烈的制度变革。"人工智能是技术进步最为直接的体现，因而由技术进步所引发的治理变革逻辑，来推论出人工智能驱动政府治理模式变革的底层逻辑是可行的思路。

（一）人工智能对公共行政部门的作用

一方面，有学者开始呼吁应该重视人工智能对公共部门带来的影响。如伯恩德（Bernd Wirtz）和扬（Jan Weyerer）等人强调尽管人工智能研究投入越来越多，研究贡献越来越多，但公共使用的 AI 仍然是一个年轻的研究领域，在描述相关的应用和挑战方面做得不够。米赫（Mehr，Hessam）指出尽管行政问题有所减少，但对于政府的人工智能应用的类型和总体潜力，以及在出现挑战的范围内公民的期望与人工智能的政府能力之间的差距，仍然知之甚少。詹金（Jankin Mikhaylov）等人发现公共部门组织越来越关注使用数据科学和人工智能能力来提供政策，并在高度不确定的环境中提高效率。米赫的研究发现全球的公共组织和政府部门已经在测试人工智能应用程序，但无法跟上私营企业的步伐。霍尔德伦（Holdren，John）和史密斯（Smith，Michael）指出美国已经开始认识到人工智能在公共领域的巨大价值，并制订了各种高投入的人工智能计划，揭示了广泛的潜在应用领域。另一方面，也有学者通过研究指出了人工智能可以给公共部门人力资源、财政、公共服务供给效率以及行政效率等诸多方面带来积极的效应。伯恩德和米勒等人指出人工智能技术在管理公共资源和服务方面的适应性有可能减轻公共机构的负担，同时使它们更加灵活，适应具有多样化和变化的需求和充满活力的公民社会，并进一步指出具体存在四个方面的预期效益：①改善信息处理的预期影响，即人工智能改进了信息处理的规模、范围和速度，从而产生了有效和可持续的公共资源分配，从而可以更好地执行后续任务；②加快案件（业务）处理速度，即人工智能加速处理案件（业务）的过程，例如，通过人工智能指导提交通过改进提交和转发请求，同时通过深度学习算法实现改进的质量标准和降低的错误率；③改进工作的分配，即 AI 只执行需要较低专业知识的例行任务，需要高技能决策者和快速决策的特殊情况分配给适当的人员；④工作人员替代和削减繁文缛节，即人工智能提供机会通过机器处理替代人工，减少公共当局的工作量并为可持续地减少官僚主义创造了可能。郑磊等人强调通过整合电子政务工具并将人工智能技术连接到一个更大的框架，人工智能支持的电子管理可以通过减少行政负担，实现日常行动自动化，节省工作时间，为公共管理和人类服务带来效率。埃格斯（Eggers, Daniel）等指出人工智能可以减少行政负担，能够使公共组织中的员工免于广泛的文书工作，从而释放出需要专业知识或快速决策的复杂问题的能力，并鼓励资源分配。米赫指出虽然未来政府人工智能的潜在使用案例仍然受到政府资源以及人类创造力和政府信任的限制，但最明显和最直接有益的机会是人工智能可以减轻行政负担，帮助解决资源分配问题，并承担非常复杂的任务。

（二）技术进步背景下人工智能对政府治理的影响

信息技术视角下人工智能对政府治理变革的影响研究。这类研究对我们理解人工智能变革政府治理具有间接性的意义，如徐晓林、朱国伟（2012）指出："随着不同社会领域的信息技术趋向集成，越来越生活化，信息技术从影响政府业务流程到组织变革，再到职能重塑，以至改变着政府与社会关系。在促进了政府组织内部不断变革的同时，也不断塑造着政府的治理模式。"郑永年（2013）认为信息技术在帮助中国政府建立一个现代化的治理制度上扮演着非常关键的角色。政府利用互联网向公众传播其政策议程，而公众则利用互联网向政府给出其回应。互联网事实上成为一个双向的沟通过程，而非传统上的单向宣传过程。娄成武等（2015）指出："政府治理并不是一个固定不变的范式，而是随着社会、经济和科学技术的进步，不断地发展演变。"张玲、李颖（2015）认为："信息技术的迅猛发展及广泛应用，使人们的价值观念、行为模式、社会结构和组织方式发生了巨大变化，引发了生产和生活方式的深刻变革，并日益推动着政府治理的变革。"郭喜、李政蓉（2018）指出："新技术深入融合到社会生活和政府体制运作中的方方面面，但是公共需求多样化、公共服务精细化、公共问题复杂化和公共治理多元化等问题，使政府在新一代信息技术驱动下的转型迫在眉睫"。赵金旭、孟天广（2019）指出："科技革新往往以创造性破坏的形式，对旧有的产业结构、组织形式、社会治理模式等产生'颠覆式'影响，甚至'范式变迁'。"郭建锦、郭建平（2015）指出："信息技术的发展在改变治理环境后，由外而内地倒逼着治理模式的革新，也为提高政府治理绩效提供了一种不可或缺的新兴治理资源，是优化治理手段和治理过程、推进国家治理现代化的有效手段。"

新兴技术变革政府治理的作用机理研究。一方面，从技术哲学和技术政治学的视角来理解人工智能变革政府治理的内在机理：一是技术哲学的视角，即借助历史唯物主义方法论来探析技术进步与政府治理变革的关系，这类研究多见于国内学者，他们在分析技术进步与政府治理变革的关系时普遍秉持马克思历史唯物主义的方法论，依托生产力决定生产关系，经济基础决定上层建筑两大基本论断对其基本观点进行延展。陈振明（2015）指出："技术变化是政府治理变革的最深刻动因。按照历史唯物主义的基本观点，生产力决定生产关系，经济基础决定上层建筑；技术是生产力中最活跃的因素，技术革新必定促进生产力的发展，并引起生产关系及经济基础的变化，进而推动包括国家或政府治理和意识形态在内的上层建筑的变革。"张乾友（2018）认为技术之于公共行政的突出作用之所以影响深远是受到科学主义影响的缘故，他指出："公共行政学产生在一个技术理性盛行的时代。那个时代的人们崇尚进步，却把技术视作进步的首要推动力，认为只要让人们的理性服务于技术改进的目的就能促进社会的进步。在这样一种被称作进步主义的时代精神的洗礼下，公共行政学获得了一种关注技术的原生冲动，并出于理解技术在行政组织实际运作中的作用和探索如何通过技术改进提高行政组织绩效的需要而确立起了科学主义的研究导向。"郑志龙、李婉婷（2018）从历史唯物主义的视角出发，揭示出随着科学技术的进步，社会化生产能力和水平的不断提升，进而推动社会形态的转型，引发政府治理模式的变迁。颜佳华、周万春（2013）通过对生产力和生产关系的静态分析和动态结构来考察技术进步对行政发展的推动作用，以此来阐明技术进步推动行政发展的基本原理。上述研究，从历史唯物主义的基本理论出发，为理解技术进步与政府治理变革之间的关系提供了一种具有根本性价值的理论洞见。二是技术政治学的视角。由于政府治理固有的政治属性，也就使得另一类研究多见于对技术与政治关系的考察方面，如陈昌曙（2012）指出："技术不能直接决定和说明政治制度的性质、国家的国体和政体，甚至可以说技术是最为非阶级性、非政治性的现象，但恰好这个非政治性的技术却对社会的政治力量和政治格局，有着重要的、强有力的影响，乃至对尖锐的政治如战争起到有决定性的作用。"姜振寰（2009）认为："技术的进步已使社会的政治活动和人的政治行为发生了根本变化，人的政治权力可以得到进一步的保障和发挥，专制和反民主的政治只能采取非常规的手段才有可能得以暂时性的维持。"

另一方面，从技术进步视角探讨新兴技术对政府治理的影响，进一步揭示人工智能变革政府治理的作用机制。颜佳华、周万春（2014）从机制和途径两个维度阐明了技术进步推动行政发展的机理，指出技术进步通过渗透、传导和扩散三大机制来推动行政发展，具体通过推动行政观念革新、行政体制变革、行政机制优化和行政方式方法创新四个途径得以实现。朱仁显（2019）指出："信息与通信技术对政府治理模式的变革体现为一种'渗透—传导—扩散'的机制。"李齐、李建呈等（2017）指出："技术的变革导致交易成本的变化，从而引发组织的变革，政府内外组织的变革改变了组织内外的权力关系和功能定位，从而对政府治理形成挑战，要求政府治理进行变革"。

上述学者试图揭示网络社会导致政府治理变革的系统性机制，具体通过建立起技术变革、组织变革和政府治理变革三个分析单元的链式传导关系，依托交易成本、权力关系和功能定位三个分析变量来具体剖析网络社会场景下政府治理内在的变革逻辑，为阐释人工智能与政府治理变革的互动提供了有益借鉴。综合来看，人工智能作为新一代信息技术的代表性技术，既具有一般信息技术的属性，又具有自身的独特属性。因而，在探究人工智能对政府治理模式变革所带来的影响时应适当参考一般信息技术对治理变革的影响维度、具体方式、内在机理、作用机制以及路径等内容。

（三）技术嵌入视角下人工智能对政府治理的影响

人工智能所带来的治理挑战逐渐受到重视。作为一项具有革命性和颠覆性的新兴技术，人工智能与人类经济社会发展正在不断地向深层次融合，带来了巨大的发展动能，同时也给社会安全和秩序带来了一系列不容忽视的挑战。如宋京霖（2018）认为要有效应对人工智能发展所带来的安全、秩序、伦理等方面的挑战，首要"构建和完善一个多层次、多主体的治理网状结构，同时进一步增加治理网状结构的多层次、多维度、多样式的治理方式和手段"。胡洪彬（2018）指出面对人工智能给政府治理带来的客观挑战，过度警惕无异于故步自封，与其担忧未来不如把握现在、善加利用。必须通过创新政府的行动理念、主导模式、治理模式、协作模式和评估模式等方式，推进政府治理模式实现突破创新。同时也有学者指出了人工智能与政府治理之间是存在相互影响的关系的，如何精华（2019）认为 AI 赋权政府治理，直接表现为 AI 通过其所具备的技术功能来影响及改善政府治理的流程与结构的设计，同时，政府治理也会通过其自身的文化、制度、战略、治理理念，来影响基于 AI 的政府治理架构设计。另一方面，人工智能所潜在的治理价值也受到关注。陈鹏（2019）认为人工智能嵌入政府治理的进程后可能推动着政府治理体系和治理能力现代化的进程，可以"有效控制政府规模、提高行政决策质量、优化行政运行流程、推动政府治理精细化、增进政府与公众的互动"。韩啸（2019）指出："人工智能通过数据整合、快速分析、精确匹配等功能，有效化解行政信息纵向传递过程中的信息损失和横向传递过程中的信息截留问题。"董立人（2018）认为，人工智能使得人类社会的政府具备了"智慧大脑"，正在为"政府治理带来决策质量与行政绩效提升、治理体系精细化以及政民互动等发展机遇"。胡洪彬（2018）指出："人工智能的崛起能为控制政府规模、强化政府效率和提升政府服务水平提供支撑。"

人工智能在政府治理中的应用研究。随着信息技术和互联网技术的发展，社会逐渐开始走向信息化、智能化，为适应社会转型的进程，我国政府管理和服务也开始寻求改变和革新，政务信息化成为一个重要的抓手和突破口。早期的政务信息化主要集中在政府网站的建设上，由于政府网站服务对象的广泛性、管理要素的多样性以及信息资源的复杂性日趋增强，政府网站公共服务中依靠传统检索方式已经不能满足公众、企业对信息准确、全面、快捷获取的诉求。为此，引入人工智能技术就成为政府应对信息化社会管理的重要手段和方式，这就相应的带动了学术界对相关问题的关注。李焱冬（2008）提出了利用人工智能技术在政府网站建设客服机器人的构想，以便快速整合信息资源，提供"一站式"服务，有效降低用户使用门槛，提高网站交互性和友好性，增强网站服务能力。并以在"上海科技"网站上实例建设的智能客服机器人"海德先生"为例，介绍在政府网站上采用客服机器人的建设模式和实际运行情况。仇卫文（2017）探究了人工智能技术在政务服务领域的应用，详细分析了验证手段、内容推荐、在线客服、信息处理、辅助决策、实体机器人等应用场景。林立磐（2018）指出人工智能已在或正在电子公共服务的各个领域得到应用，这些领域包括身份认证、在线客服、信息检索、行政审批、主动服务辅助决策、应急处置、态势感知、智能自助终端、服务机器人等。陈涛等（2018）认为，人工智能在政务服务领域的应用尚处于起步阶段，但仍然有积极的带动效应，主要的应用领域包括常规工作处理（如文本编辑、表格填写等）、在线智能客服、海量信息搜索、审批流程优化、可信身份认证、无人化政务服务、实体智能机器人、精准推送服务、工作人员培训和事中事后监管十个方面。

第二节　研究意义

提升领导干部数字素养和数字化能力不仅是提升领导干部个人素养和能力的需要，也是推进国家治理现代化的必然要求。为此，需要我们从国家治理层面，充分认识领导干部数字素养和数字化能力的重要性及必要性。

一　实现国家治理体系和治理能力现代化的必然要求

每一个时代都有其相应的治理方式，数字时代不同于以往任何时代，数字时代要有数字时代的治理方式。当前，世界处于百年未有之大变局，新一轮科技革命和产业革命兴起，大数据、人工智能、云计算、"互联网+"等蓬勃发展，数字已深入人们日常生活的方方面面，像空气一样无处不在、无时不有，在对社会治理提出挑战的同时也为实现数字治理提供了可行性条件。习近平总书记强调，"要运用大数据提升国家治理现代化水平，建立健全大数据辅助科学决策和社会治理的机制，推进政府管理和社会治理模式创新，实现政府决策科学化、社会治理精准化、公共服务高效化"①。数字时代，数字治理是推动社会发展的客观要求，是国家治理体系和治理能力现代化的重要组成部分。要实现数字治理，提高数字治理能力和水平，必须从治理者的角度发力，提升领导干部的数字素养。因此，提升领导干部数字素养和数字化能力已成为提高国家治理体系和治理能力的必然要求。

二　推动中国特色数字经济安全平稳发展的现实要求

数字化社会的到来，开启了数字经济时代的大幕，全方位重构了公众的日常生活，奏响了社会治理新的时代旋律。作为社会治理主体的领导干部，具备较高的数字素养和数字化能力，不但是应对数字社会纷繁复杂的数字治理问题的标配和"利器"，而且也是推进国家治理体系和治理能力现代化的逻辑归依。数字时代，数字和数据成为新的生产要素，为经济发展注入了强大动力，推动了我国经济发展。数字经济快速发展的同时带来了诸如数字信息安全、数据垄断、数字确权等新问题。这些新问题靠传统的行政管理无法很好地解决，必须要靠领导

---

① 陈凯华：《运用大数据加快推进科技治理能力现代化》，《光明日报》2019 年 3 月 20 日第 6 版。

干部实施数字治理，提高对数字经济的引领力，对症下药，在发展中保障和改善人民生活水平，实现数字治理。因此，在数字技术快速发展的时代背景下，提升领导干部数字素养和数字化能力是发展数字经济的现实要求。

三 建设数字社会、数字政府、数字中国的应有之义

当前，社会数字化带来许多新的问题，传统的管理模式已难以解决这些问题。这就要求领导干部运用信息化、网络化、数字化、智能化手段，解决政府治理中出现的新问题，特别是和"数字"相关的问题。数字治理并不是对传统管理的简单补充，而是对传统管理的重构性超越。数字治理是数字要素与治理要素的有机结合，能够提供各种渠道和平台，便捷人们获取政策信息，反映不同群体的利益诉求，保障人们的知情权，而且能够增强群众、企业、社会组织在社会治理中的参与度。例如，通过在线服务，可简化政府办公流程，提高办事效率；"网上政务公开"，提高了政府治理的透明度，有利于加强社会监督。而建设数字社会、数字政府、数字中国，离不开具备数字素养的干部来领导。因此，整合优化政府决策过程，提升服务能力，以数字赋能政府治理，增强政府治理的科学化、民主化、精准化，是推进数字社会、数字政府、数字中国建设的题中应有之义。

第三节 研究内容与方法

一 研究内容

本书内容主要分为七章。

第一章导论主要阐述研究问题的时代背景，研究的意义、研究内容和采用的研究方法等。

第二章研究综述梳理总结前人对此相关问题的研究进展，为本书从多角度、多领域分析问题提供思想基础和理论基础。

第三章提出问题部分主要阐述当前领导干部在数字时代能力提升中面临的困难和问题、存在的制约和解决难题等，并从数字政府建设层面、考核体系层面等进行深入分析。

第四章研究问题设计部分主要对影响领导干部数字化能力提升的因素进行理论模型构建，采用安塞尔姆（Anselm Strauss）和朱丽叶（Julcet Corbin）的程序式扎根理论进行研究设计，通过深度访谈法收集资料与数据，经过迭代的方式进行编码与分析，最终建立领导干部的数字素养影响因素研究模型。

第五章研究问题的实证部分通过发放调查问卷，了解调查对象的基本情况，分析不同年龄、性别、学历、职务、工作类别的领导干部数字化能力水平。采用李克特五级量表编制领导干部数字化能力问卷的量表。利用 SPSS 25 软件对收集的数据进行处理，运用 Cronbach's alpha 信度系数作为信度检验的指标，确保变量测度和数据分析的科学性。

第六章主要梳理国内外先进国家和地区在提升领导干部数字化能力方面的先进经验，探寻其中的共性特征与规律。研究发现，欧盟在提升领导干部对数字技能战略意义的认识方面，在完善数字技能的基础设施建设方面和完善数字技术人才相关政策方面值得学习借鉴。新加坡的政府数字治理实践——"智慧国家 2025"计划，有很多可以学习借鉴的好的做法。浙江省在"数字浙江"建设中统筹运用数字化技术、数字化思维、数字化认知，把数字化、一体化、现代化贯穿到党的领导和经济、政治、文化、社会、生态文明建设全过程，对省域治理的体制机制、组织架构、方式流程、手段工具进行全方位、系统性重塑，具有很多典型的经验做法。

第七章为领导干部数字化能力提升的路径选择，从内在培育方面，提出应不断提升学习能力、转变治理理念、提升数字服务能力；从外在促成方面，提出将数据治理作为重要的管理基础，努力形成基于数据的决策文化，多渠道培养领导干部数字治理能力；从构建提升数字化能力的体系建设方面，提出领导干部教育培训体系的现代化，构建数字素养培育机制，深化数字人才培养战略，提升培训体系，构建领导干部数字治理能力考核评价体系，建立健全领导干部数字化能力考评体系；从基础保障方面，提出加强数字基础设施建设，扩大优质数字资源供给等。

二 研究方法

本书的研究方法主要包括以下几种方法。

（1）文献研究法。本书通过对国内外相关文献的整理和梳理，了解当前的关于领导干部数字化能力、数字素养等相关概念的研究成果，为本书提供更多研究材料与思路。在文献的阅读过程中，通过不断对文献进行整理、归纳、评述，形成对领导干部数字化能力与数字素养的影响因素的认知，为本书的质性研究打下坚实的基础。

（2）访谈法。在前期调查中，本书共对 30 名领导干部进行了一对一的访谈，了解他们对数字素养的认知和技术能力。通过初步访谈，进一步明确了研究问题。接下来，再对一些数字素养较高的领导干部进行访谈，了解他们如何运用数字技术、数字工具进行办公。通过这些访谈，探索领导干部数字素养的特点，以及具体的数字素养影响因素。

（3）问卷调查法。作为实证研究中的关键环节，本书在确定变量模型之后着手设计调查问卷，通过线上线下两种方式发放及回收问卷，整理并统计有效数据，来调查领导干部数字化能力影响因素之间的相互关系。

（4）统计分析法。在研究中，本书使用 SPSS 25 统计软件对调查问卷数据进行了预处理，并使用 AMOS 23 来构建结构方程模型，以验证量表维度的准确性、科学性、稳定性和结构性。定量分析有关领导干部数字化能力影响因素之间的关系，用来进一步分析领导干部数字化能力影响因素的差异性与相关性。

（5）扎根理论研究法。本书选取扎根理论作为研究方法，其具体原因主要基于以下两点：第一，本书主要探讨领导干部数字化能力的影响因素，属于探索性研究问题，更适合运用质性研究方法，使用归纳分析资料的方法最终构造理论模型。第二，本书希望通过对资料的梳理，逐步构建起领导干部数字化能力影响因素的理论模型，这种理论模型是根植于资料的理论构建，而研究所选取的文献资料以及访谈资料均是在研究之前已经存在的，这些特点与扎根理论自下而上进行理论构建，研究资料先于研究问题出现的特点相契合。

三　研究创新点

目前，学界对于数字素养的研究成果已较为丰富，针对领导干部数字化能力的研究也有所涉猎，但对于领导干部数字化能力影响因素的研究仍涉足较少，尤其是运用深度访谈开展的质性研究。本书的创新之处主要有以下四方面。

一是本书通过访谈法和运用扎根理论研究方法，针对30名领导干部的访谈原始语料进行质性研究，并构建出领导干部数字化能力影响因素的理论模型，理清了领导干部在工作中对于数字素养影响因素中各要素的关注度。

　　二是本书通过扎根理论研究方法并结合胜任力理论与知识管理理论构建了理论模型，再通过对领导干部的数字素养影响因素概况与个体特征差异性分析，接着通过结构方程模型进行模型拟合度和路径系数分析，进一步探究了各影响因素之间的关系，从而为建设数字中国提供一定的借鉴与参考。

　　三是研究视角创新，本书从领导干部的视角出发，旨在提升领导干部的数字素养水平，进而更好地推动政府数字化转型。目前国内外关于数字素养的相关文献研究大多集中在教育学与图书馆学领域，研究教师或学生的数字素养现状，较少在公共管理学领域探讨领导干部的数字素养问题。作为领导干部队伍中的关键少数，领导干部数字素养水平的提升对数字政府建设至关重要。本书拓展了数字素养研究的对象，弥补了现有研究对领导干部数字素养评价与培养的缺失。

　　四是研究内容创新，诸多学者认可领导干部数字素养对数字政府建设的重要性，但缺乏更进一步的细化研究，也尚未有一套完善的评价指标体系。本书结合数字治理理论和冰山模型从数字知识、数字技能、数字意识、数字态度、数字动机五个维度构建领导干部数字素养评价指标体系，既考虑了领导干部数字素养培养中的显性特征，又考虑了领导干部数字素养培养中的隐性特征。同时，本书结合专家调查法和层次分析法，通过问卷调查得到领导干部数字素养的指标权重与评价结果，为领导干部数字素养水平的提升和持续完善提供了理论借鉴与参考。

第二章 理论基础与研究综述

第一节 相关理论基础

一 治理理论

治理理论之所以近年来在社会科学领域被广泛应用，除了其本身带有变革性之外，还因为概念本身带有模糊性，可以包容诸多学科领域传统的概念。当前传统公共行政理论刻板科层结构与单一集权、封闭、低效的运作方式已经不能够满足公民对公共服务的需求，而兴起于 20 世纪 70 年代的新公共管理范式又过度宣扬私人部门企业管理的效率、效益、效果以及市场竞争、绩效目标与顾客服务导向，而忽视了企业管理相关理论重视产出在公共部门的适用性及公民权的落实。奥斯本等人指出新公共管理有时创造出了内部非常高效，但是却永远也满足不了其外部经济和社会目标的公共服务组织。在 21 世纪新公共治理理论有诸多分支，本书中重点应用了公共治理中的元治理理论与协同治理理论。

（一）元治理理论

元治理理论是一种古老的中国治理理论，它旨在为政府指导实践和政策提供一个框架，让政府更有效地管理和实施公共政策。元治理理论的主要思想是以"三协"作为经营法则，即政府、社会和个人之间相互协作，互相配合，共同推动社会发展。元治理理论最初始于中国明朝（1368—1644 年）。在明朝，元治理理论被认为是完美的和谐社会理念。这种理念被明朝的官员们认为具有持久的价值，他们坚持把它作为政府的指导原则，致力于在实践中发挥它的作用。一般而言，元治理理论以三个主要部分对政府政策的分配和实施提供了一个参考标准：管理者的作用、社会的装置和个人的责任。管理者的作用是指政府机构应该负责贯彻执行、管理和监督国家的政策；社会的装置是指政府应该建立一套合理完善的政策框架，保障政策能够被社会上的人以及政府机构所共同遵守；个人的责任是指政府机构应该鼓励公民参与政府的决策制定，并培养他们做出有益的贡献。

在当今的政治环境中，元治理理论仍然是一个重要的参考系统，产生了重要的社会影响力和政治影响力，也被认为是一种有效的治理框架。在实施政策方面，强调政府机构需要做出更多的努力，以便提供更加有效和高效的政策执行框架给社会。此外，它也指出政府机构应该敦促民众参与政府决策，并培养他们做出有益的贡献，从而加强和谐的政策环境。元治理理论的理念和框架在当代社会中仍然具有价值，可以为各国政府提供一个行之有效的政策框架，促进社会的发展。它提供的政策运行框架能够帮助政府有效地控制社会问题，减少政府决策的冲突。此外，它也可以帮助鼓励民众更多地参与政府决策，促进社会的和谐发展。因此，我们拥有充分的理由相信，古老的元治理理论将继续为我们的政治实践和政策提供指导。

（二）协同治理理论

协同治理理论是 20 世纪 80 年代提出的一种新型公共管理理论，它认为公共事务的管理应根据社会的发展需要和经济的发展规律，采用协同的方式对公共事务进行治理，以提高公共事务管理的效率和效果。协同治理理论着重于政府、市场和社会之间的治理结构，认为三者之间共同参与治理，可以提高治理效率、降低治理成本、提高治理效果。它要求政府放权，促进市场和社会的发展，同时参与市场和社会的管理，实现政府、市场和社会的协同治理。协同治理理论的核心是政府的协同控制，它认为政府应采取政策调节、行政审核、司法监督等途径，协调市场和社会的发展，维护社会公平正义，保障公共利益。

协同治理理论提出了新的政府管理理念，它认为政府应该放弃对一切事务的强制控制，改为采取全面的协同控制，以及重视市场和社会发展，通过科学和合理的政策调节，实现社会的和谐发展。协同治理理论是一种全新的政府管理模式，它的实施可以有效提高公共事务的管理水平，提高公共服务的质量，实现社会的和谐发展，为公共管理的未来发展提供了一条新的路径。

二　人力资本管理理论

在古希腊柏拉图的教育价值思想体现出最早人力资本理论的萌芽。古典经济学家威廉·配第（Sir William Petty）、亚当·斯密（Adam Smith）等都对人力资本理论的发展起到了奠基者的作用。欧文·费雪 Iwing Fisher 首次提出人力资本的概念，美国经济学家舒尔茨（Theodere Schultz）和贝克尔将"人力资本"引进到经济学分析之中，明塞尔（J. Mincer）和贝克尔（Gray S. Becker）应用新古典经济学的基本工具解释人力资本的性质以及人力资本投资行为。阿罗（Arrow）、罗默（Romer）、卢卡斯（Lukas）等则是基于新经济增长的人力资本理论主要代表人物。人力资本理论发展趋势及观点概括（见表 2-1）。

20 世纪 60 年代，美国经济学家舒尔茨与贝克尔两位学者共同创立了人力资本理论，开创了生产能力分析的新理念，他们提出人力资本是体现在员工身上的资本，即对生产者进行教育、职业培训等开支在生产者身上的凝结，它表现在蕴含于个人身上各种生产经验与知识、劳动与管理技能、身心健康素质的存量总和。人力资本具有以下特点：一是人力资本天然属于个人；

表 2-1　　　　　　　人力资本理论发展趋势及观点概括

	代表人物	概念界定	基本观点
早期人力资本理论	亚当·斯密《国富论》	固定资本包含所有居民或社会成员获得的有用的能力。它可以被看作是固定在个人身上的已经实现了的资本	劳动力是劳动者后天习得的有用能力，它是经济进步的主要力量，可由私人出于追求利益的投资行为来完成，也可由国家推动、鼓励，甚至强制全体国民接受最基本的教育来完成
	约翰·穆勒《政治经济学原理》	对劳动生产率有重要影响的因素包括技能与知识	能力应与工具、机器一样被视为国民财富的一部分，教育支出将会带来未来更大的国民财富
	阿弗里德·马歇尔《经济学原理》	将人的能力分为"特殊能力"与"通用能力"	强调人力投资的长期性、家族、政府的作用，主张把"教育作为国家投资"
	沃尔什《人力资本观》	首次提出人力资本的概念	采用"现值计算法"将个人教育费用与受教育后因能力提高而取得的收入进行比较，证明教育投资符合一般资本投资的性质
	雅各布·明塞尔	提出对收入分配和对劳动市场相关行为进行人力资本研究的方法	《论人力资本投资与个人收入分配》《在职培训：成本、收益与某些含义》，最早提出"收益函数"，揭示劳动者收入差别与接受教育和获得工作年限长短的关系
经典人力资本理论	舒尔茨《教育经济价值》(1963)、《人力投资：人口质里经济学》(1981)	人力资本是体现在劳动者身上，通过投资形成并由劳动者的知识、技能与体力所构成的资本	人力资本可带来未来的满足和收入，其内容可归纳为 5 个方面：①医疗和保健；②在职培训；③初等、中等或者高等教育；④非企业组织的成人教育计划；⑤个人和家庭的就业迁移
	贝克尔《人力资本》	人力资本还包括时间、健康与寿命，是一种人格化资本，工作性质、种类会影响人力资本的使用	贝克尔区分出企业专用/专属性人力资本及雇主的通用培训和专业培训投资行为。首次用传统微观均衡分析法建立人力资本投资均衡模型

续表

	代表人物	概念界定	基本观点
新经济增长人力资本理论	阿罗《边干边学》	经济增长归功于在生产和学习的过程中,生产更多的物质资本品而积累更多知识,使下一代资本品所含的技术提高	"边干边学"是人类的知识和生产经验随着资本存量的增加而增加,从而促进技术进步。技术的"溢出"效应又使得所有劳动力和固定资产在生产最终产品时的效率都有所提高
	罗默《收益递增与长期递减》	将知识、人力资本等因素引入经济增长模型当中,形成了内生增长理论	知识具有可再生性和"溢出效应"的特点,知识的投入和积累呈现边际生产率递增的态势,可将专业化知识与物质资本、劳动一样作为一种生产要素纳入生产函数中
	卢卡斯《论经济发展机制》	区分人力资本的内部效应和外溢效应,系统考察人力资本对经济增长的贡献	将人力资本外溢效应模型与内部效应相结合,一个拥有较高人力资本的人对他周围的人会产生更多的有利影响,并提高全社会的生产率

注:根据相关资料整理自制。

二是人力资本价值难以准确测度和科学量化;三是人力资本权利一旦受损,其资产价值难以精确测度和科学量化;四是人力资本总是自发地实现自我市场;五是人力资本具有多样性和专业性的特征。

领导干部考核在理论上属于我国政府人力资源管理的重要内容,因此人力资源管理理论对党政领导干部的考核具有指导作用。二者关系体现在如下两个方面。

第一,领导干部考核不仅应该包括实绩考核,也包括道德品质、工作能力、工作作风、廉洁自律等方面的情况，这些都是人力资本的构成要素。结合政府部门的工作特性而言，可以归纳为德、能、勤、绩、廉五项考核要求。

第二，由于人力资本价值的难以确定性，对领导干部的考核作出精确考核是困难的。由此可见，对领导干部的考核评价只能是相对准确，而不是绝对精确。为保证对领导干部考核评价结果具有较好的准确度，必须结合工作总体需求和岗位特征设计合理的考核指标体系。

三 胜任力理论

胜任力理论是由美国心理学家戴维·麦克利兰（David Mc-Clellana）于20世纪70年代初期提出的。麦克利兰通过对企业和非营利性组织在多个领域和行业中的卓越成就者进行研究，发现他们普遍具有一些共同的特质和能力，这些特质和能力对于他们在工作中取得的成功至关重要。这些特质和能力被称为"胜任力"，即能够区分在特定工作岗位和组织环境中卓越成就者和普通绩效者的特征。他认为，用智力测验与未来工作成败之间的关系并不可靠，即智力测验结果并不能很好预测将来在工作上的成功与否，他建议用能力素质模型取代智力测验来预测将来工作绩效更为可靠。

胜任力理论在经历几十年的发展之后日趋成熟，目前综合胜任力的特征观与行为观可得，胜任力是指在某职位和工作角色和达成绩效优秀所必需的个体素质（包括显性和隐性素质）之和，可通过后天学习获得与培训获得，能够预测个人未来绩效。因此，他提出了胜任力模型的概念，即一组与工作绩效密切相关的特质和能力。

胜任力模型通常包括以下几个方面的内容：①知识：指对特定领域或行业的了解和掌握程度，包括专业知识、技能和经验等。②技能：指在特定领域或行业中所需的具体操作技能和执行能力。③态度和价值观：指个人的态度、价值观和动机等内在特质，这些特质对于个人在工作中的表现和行为方式具有重要影响。④自我认知：指个人对自己能力和优势的认识和评估，以及对自己职业发展的规划和目标设定。⑤社交能力：指个人与他人建立关系、沟通和合作的能力，包括领导力、团队合作、沟通技巧等。

在构建胜任力模型时，企业和组织通常会根据自身的特点和需求进行定制化设计。通过对员工的绩效表现进行分析和评估，可以确定员工在哪些方面存在不足或需要提升，从而制订相应的培训和发展计划。同时，胜任力模型还可以为企业和组织提供招聘和选拔人才的参考标准，帮助企业找到具备相应胜任力的优秀人才。随着胜任力理论的不断发展，越来越多的企业和组织开始采用胜任力模型来提升员工绩效和组织效能。同时，胜任力理论也得到了广泛的认可和应用，成为人力资源管理领域的重要理论之一。

领导干部治理能力的高低可以以胜任工作的成功与否来判断，通过运用行为事件访谈方法等实证研究，归结出领导干部治理能力包含的具体要素及影响因素为基层干部顺应治理现代化需求，运用现代公共行政方法和技能，在提高工作效率、效益、效果的同时，提升治理能力，并更好地为基层民众提供各项公共服务提供理论支撑。

第二节　数字化能力相关研究

学界关于数字化能力研究的渊源是伴随着人类进入信息社会和互联网时代后，从对个人的信息素养、网络素养和数字素养的研究逐渐演变而来的。国外最早的有关数字化能力的研究是 1994 年以色列学者约拉姆（Yoram Alkalai）提出数字素养（Digital Literacy）的概念，随后到了 1998 年美国学者吉尔斯特（Paul Gilster）出版了《数字素养》（*Digital Literacy*）一书，书中将数字素养定义为"检索获取网络资源，并加以应用的能力"，强调数字技术作为"基本生活技能"的重要性，对数字技能的掌握和对数字技术的理解已经成为数字化时代人们新的素养。到了 21 世纪初，对数字素养及其数字技能的重视和研究进一步深入，比如欧盟在此时提出"数字能力"的概念，并将数字人才培养作为提升其竞争力、促进经济增长和就业的关键举措，同时先后出台了《发展和理解数字能力的欧洲框架》《公民数字能力框架》等提升数字素养的国家规划。从现有国外文献可以看出，国外研究多是聚焦全民素养提升和职业技能人员的数字能力提升。

在国内，我国对数字化能力的研究在学术界有过关于对信息素养、媒介素养、网络素养和数字能力、数字技能等内容的讨论。较早的研究是总结梳理图书情报学、社会学、教育学等各领域衍生出的与各领域特征相适应的信息能力、数字能力（任友群，2001）。后来的研究又把数字能力的内容描述为一种在工作和交流中自信和批判性地运用信息社会技术的能力，进而把数字素养拓展到一个综合性、动态的、开放的时空，认为是各素养流变后的要素聚合（王佑镁，2006）。我国工业和信息化部原部长苗圩（2018）非常重视数字技能的提升，他在多个场合强调数字技能已成为驱动创新、促进增长的重要推动力，要重视数字技能短缺对可持续发展带来的风险和挑战，并共同致力于缩小数字鸿沟等。此外，国内学术界的研究围绕职业院校教师数字能力提升和全民数字素养提升也进行了相关探索，比如浙江大学教师易烨、薛锋（2022）通过随机抽样对浙江省335名高职院校专任教师数字素养现状进行了调查分析，发现所属院校办学性质不同、办学层次不同、年龄组别不同的教师数字素养存在显著差异。中山大学教师潘燕桃、班丽娜（2022）应用多种研究方法，对信息素养和数字素养教育相关理论、实

践成果和现状进行研究，提出了普及全民信息素养和数字素养
教育的思考和建议。综上所述，从已有相关文献看，现有研究
多是涉及全民素养提升和教师职业、技能型人才数字技能提升
以及图书馆研究人员如何更好发挥图书馆作用进行的讨论，对
于党政机关人员尤其领导干部的数字化能力提升方面的文献相
对不足。

一　数字化能力内涵研究

随着数字技术的快速发展，数字技术与教育教学的深度融
合要求教师具备较高的数字化能力。想要探究高校教师数字化
能力的影响因素，必须对数字化能力的内涵进行深入透彻的了
解。通过阅读相关文献，本书对数字化能力的内涵进行了梳理，
总结了数字化能力的典型含义。

数字化能力是由欧盟在 2007 年提出，数字化能力也被称为
"21 世纪技能"，欧盟给出了数字化能力的定义，即数字化能力
是在工作、休闲和交流中对信息技术自信、批判地使用的能力。
这一定义表明，数字化能力涉及生活的许多方面（工作、休闲、
交流），并且，数字化能力不仅仅是指掌握信息与通信技术的知
识和技能，还包括创造性地使用信息技术、问题解决，以及对
使用信息技术的反思等，具体包括四个方面的内容：关于计算
机应用的知识，对互联网或电子媒体蕴含的机会和潜在风险的
认识，搜索、获取和处理信息的能力，通过互联网进行交流与

协作。

在欧盟提出数字化能力的概念之后，研究者对数字化能力的内涵进行了研究，并提出了自己的见解，通过综合分析发现，早期关于数字化能力内涵的研究更多关注的是技术知识以及对技术的使用能力。正如奥特雷悖（Ottestad WiUiam）指出：对于数字化能力的定义过于强调技能的应用，未能考虑到技术使用的不同社会文化背景。圭多（Qudo Ferrari）在2012年的项研究分析表明，虽然数字化能力的研究关注到了批判性和思考能力，但关注点仍然是操作和应用导向的技能。加里、法伦（Garry Falloon）建议，应该改变目前仅仅强调数字技能为重点的数字化能力，应该转向研究更广泛的数字化能力。

2013年，罗奥纳多（Rmald Janssen）等人运用德尔菲法调查了95位专家对数字化能力的看法，得出了具有丰富内涵的数字化能力概念，即数字化能力是与各种目的（沟通创造性表达、信息管理、个人发展等）、领域（日常生活、工作、隐私与安全、法律方面）和水平相关的知识、技能和态度的集合。数字化能力应该被理解为一个多元化的概念，一种描述信息和通信技术使用目的、领域和水平之间错综复杂的网络概念。

综上所述，数字化能力是一个动态的、随着社会的发展不断变化完善的概念，从早期的关注知识、技能到现在关注知识、技能和态度、创造性、伦理道德等方面。在早期关于数字化能力内涵的研究中，数字化能力更加强调对信息技术的认知以及对信息技术的操作应用能力，随着信息化的发展，数字技术与人们的工作和生活越来越紧密结合，数字化能力不仅关注认知和技能，又加入了对数字技术使用的态度、批判、创造性精神、伦理道德等方面的内容，并且强调批判性思维，强调特定应用场景中的高级思考能力。总之，数字化能力的内涵并不是一成不变的，研究者对"数字化能力"在不同时期有着不同的见解。

二 数字素养整体结构讨论

有关数字素养的整体结构研究，主要集中于以下方面的讨论。

（一）数字心理素质

就心理素质的内涵而言，心理素质是通过将外在获得的刺激内化成稳定的并指导个人行为活动密切联系的认知、思维、理念等的心理品质。数字技术掀起的不仅是一场治理工具与治理方式的改变，也是一场治理思维、理念等的革命。尤其是以智能技术等为代表的第四次工业革命的到来，颠覆性地改变了政府的组织结构和治理方式，领导干部作为数字政府的意志执行主体，首先也最重要的是对其治理认知、思维和理念等的重大转型。在数字空间政府中，弥散分布的数字事物、崭新的数字治理问题以及丰富异构的交互对象，给领导干部带来一种全新的数字认知和心理体验。领导干部的数字心理素质正是与数字技术及其应用活动有关的认知、思维、情感、理念等心理状态的总称。数字心理素质具有的稳定性、基础性、内隐性特质，犹如潜藏在身体机能之下的"冰山"，能够激发、指导领导干部的数字行政与治理行为，因而培育良好的数字心理素质是提升领导干部数字化能力的首要任务。

（二）数字技能素质

技能是个体用已有的经验和知识来控制自己行为的动作操作方式的总和。技能强调操作性和程序性的动作方式，是个体操控事务的流程、方法的技艺经验。纵观政府信息化和数字化变革的发展史，密集的数字信息技术导入政府场景，一种最直观的改变就是，政府内部密集分布着各类数字信息技术、设备与平台，涵盖从基础的数字工具操作，到数据的深度挖掘，再到高级数字信息的表达等技术样态。如何利用这些数字资源、平台和工具来实施行政与治理，对领导干部的技能提出了现实需求。为此，可以将数字技能素质界定为，领导干部熟练操作和应用各类数字技术的经验知识。数字技能素质是领导干部掌握数字技术，获取、传输、管理、分析和利用数字资源的前提，它为领导干部基于数据信息的决策、执行、监督等数字化行政与治理活动提供了必要准备。

（三）数字行政能力

在公共管理学科范式演化过程中，行政一直是领导干部最为传统的固有内核职能。在威尔逊（Wilson Theomas）所撰写的《行政学研究》的学科起源性文献中，行政就是文官的办公室管理执行工作。古利克和厄威克（Lu ther Gulick）和（Lyndall Ur-wick）在其《行政科学论文集》中提出了著名的"POSDCORB"行政职能原则，认为行政包括计划、组织、人事、指挥、协调、报告、预算等管理职能。时至今日，虽然行政的内涵与外延不断拓展，但基于科层制的政府组织日常运作管理仍然构成领导干部的主要行政场域和行政任务。随着政府数字化转型，政府组织的计划、执行、监督等关键行政职能的履行也更加数据化、智慧化，一种数字化运作模式随之兴起。数字技术重塑了政府发现、分析和解决问题，以及将政策方案付诸执行的方式，催生着用数据决策、执行等行政模式的生成。领导干部数字化能力正是因应这一行政数字化变革的产物。就其概念而言，数字化能力是领导干部基于数字心理和数字技能，利用数字思维、资源和技术等来实施日常决策、执行、监督控制等的组织管理能力。卓越的数字化能力有助于领导干部借助数字技术工具以及丰富的数据资源，开展卓有成效的数字化组织领导、决策、协调、沟通，从而提高组织的运行效率，并为外部的数字化治理提供能力前提。

（四）数字治理能力

无论是理论还是现实层面，领导干部的责任范围和职能边界都早已超越狭隘的科层制组织。对复杂的公共事务与社会问题的有效回应是今天国内外领导干部的职责重心。随着数字技术的发展，传统治理方式发生了根本性变革，数字治理作为一个新的概念形态而广受关注。就其本质而言，数字治理是通过数字技术与数据对政府治理理念、决策、公共服务等的赋能，来实现精准、高效的公共治理。在现实当中，它表现为数字思维、资源和技术密集地嵌入政府的社会治理、监管、公共服务等职能履行的全过程。领导干部作为数字治理的微观主体，其数字治理能力是完成政府外部治理任务与使命的必然要求。由此，笔者认为数字治理能力是领导干部以数字化心理素质、技能素质与行政能力为前提，借助数字思维、资源和技术解决外部公共事务与公共问题的能力。在多层次的数字素养框架中，数字治理能力是对其他素养的综合应用与现实检验，也是数字素养议题的最终归宿。

三　数字化能力测量研究

为了领导干部数字化能力的现状，探究领导干部数字化能力的影响因素，有必要明确领导干部数字化能力的评估标准，开发出有效且可靠的工具对领导干部的数字化能力进行测量。通过文献研究发现，目前数字化能力测量方面的研究主要集中在采用不同的测评指标和方式对不同群体的数字化能力进行测评，评估工具主要是针对不同研究群体所开发的测量活动项目和测量量表。

测量活动项目，例如科恩·阿萨特（Koen Aesaert）等人基于项目反应理论，开发了用于直接测量领导干部信息通信技术能力的工具，该工具包括 56 个项目，领导干部的信息与通信技术能力由一个或者多个项目来表示。领导干部必须通过与计算机应用程序和软件的实际互动来完成这些项目。研究结果表明，该工具具有有效性，可用于领导干部信息与通信技术能力的直接测量。伊丽莎白·罗尔夫（Elisabeth Rolf）等通过对领导干部所写的设计模式中的小型学习活动进行分析，结果表明，领导干部所写的设计模式中的小型学习活动涉及领导干部的数字化能力。近一半的小型学习活动预测了数字化能力的交流和协作领域，1/3 的活动预测了信息和数据素养。相比之下，数字内容创作领域在活动中并不突出，安全方面也没有涉及。除了开发测量项目和测量活动，大多数研究者还开发出数字化能力测量量表对不同群体的数字化能力进行测量评估。

综上所述，已有研究已经开发出了各种各样的量表用于对不同群体数字化能力的测量，包括领导干部群体、教育者群体、学生群体以及其他特定的群体。已有研究以量表为参考依据，设计开发了适用于测量领导干部群体数字化能力的量表，为领导干部数字化能力影响因素研究提供了测量工具。

第三节　数字素养相关研究

"数字素养"（digital literacy）一词发轫于美国，早期该词主要用于图书馆学中，指"阅读及理解超文本或多媒体格式信息的能力"，其重点在于突出数字时代的读写能力。1997 年，保罗·吉尔斯特（Paul Gilster）在其《数字素养》一书中首次基于综合视角给出了数字素养的定义，即"当信息通过计算机呈现时，能够理解和使用各种来源的，特别是通过互联网媒介的多种格式的信息"。他强调，由于信息时代数字技术的快速和持续发展，个人需要使用越来越多的技术、认知和社会技能在数字环境中执行任务和解决问题，这些技能被统称为"数字素养"。可见，吉尔斯特将数字素养看作是数字时代搜索、理解和利用数字化信息以及解决问题的全方面技能。希娜·堵巴苏姆（Hina Tabusum）等人（2014）将数字素养定义为"使用数字技术定位、组织、理解、评估和分析信息的能力"。他指出，所谓数字素养，"不仅是计算机知识，还是使用数字技术通过数字平台来交流信息"。马丁、沃尔顿（Martin Walton）（2016）在其《数字素养：建立边界和确定合作伙伴》一文中，将数字素养定义为：使用信息技术和互联网，发现、评估、利用、共享和创建内容的能力。其既能够使用数字技术、通信工具或网络来定位、评估、使用和创建信息，更重要的是"通过计算机理解和使用各种来源的多种格式信息，并在数字环境中有效执行任务"。哈夫里洛娃（Havrilova）认为，数字素养不仅涉及数字环境中的知识、技能与经验，还包括大量复杂的认知、价值观和态度。数字素养已从单方面强调知识和技能提升至价值观和态度的重要性中。此外，英国联合信息系统委员会（Joint Information Systems Committee，JISC）给出数字素养更简洁的定义，即数字素养是指发展使一个人在数字社会中生活、学习和工作的能力。联合国教科文组织（UNESCO）将数字素养描述为使用数字媒体、信息处理和检索所需的一套基本技能，使人们能够参与社交网络，创造和分享知识。需要强调的是，新技术和应用创新改变了人们使用技术和执行任务的方式，因此不同的学者对数字素养的定义也不同。但大多数学者都认可"数字素养"是一个多层面的概念，涉及技术技能、认知技能和元认知过程，以及公民参与和道德意识的复杂整合。2021 年中央网络安全和信息委员会印发《提升全民数字素养与技能行动纲要》基于数字化转型的宏大视角赋予了数字素养的新内涵，即"数字社会公民学习工作生活应具备的数字获取、制作、使用、评价、交互、分享、创新、安全保障、伦理道德等一系列素质与能力的集合"。数字素养本土化的适时孵化，既体现了数字素养的内涵外延始终与信息化的快速发展同频共振，也给学术界提出了崭新的时代命题，即如何在厘清数字素养基本内涵的基础上进一步探讨数字社会背景下内容和功能的延展。

在已有的文献中，对数字素养概念的界定大体可分广义和狭义两类。其概念分野的关键特征是，狭义数字素养主要关注实际的数字操作和应用任务，将数字素养界定在各种操作技能和应用能力等外显要素上；而广义数字素养不仅关注操作与实践中的数字技能和能力，还考虑到了个体心理层面诸如数字化的思维意识、情感态度等潜在数字素质对于数字能力的作用。

数字素养概念提出伊始，以狭义理解为取向。20 世纪 90 年代中期，西方的一些学者就在开始使用"数字素养"这一概念，其典型代表是迪恩（Dean Lanham），将数字素养的概念视为一种多媒体素养，认为是对数字资源创造的诸如文本、图像、声音等新信息形式的掌握能力。这一概念得到了马格尔多尔娜（Magdolna Hargittai）、布鲁丝（Bruce Western）、杰里米（Jerewy Hall）等研究者的确认，马格尔多尔娜就将数字素养理解为互联网和其他网络资源有效使用的能力。狭义数字素养的概念深受早期信息技术发展及其素养需求的影响，其与计算机素养（computer literacy）、互联网素养（internet literacy）、信息素养（information literacy）等技术素养概念发生了联动，数字素养维度主要关注技术的操作及其数据要素的管理，素质任务比较单一。狭义数字素养目标明确、可操作化程度高，在实践领域也得到一些青睐和应用。例如，联合国教科文组织认为数字素养是通过数字技术安全合理地获取、管理、整合、交流、评价和创造信息的能力。

关于广义数字素养的讨论，始于吉尔斯特提出的数字素养概念。他在《数字素养》一书中明确指出："数字素养是关于掌握思想，而不是击键。"他反对将数字素养局限在一系列能力集合上的设定方式，指出数字素养是对来自多样化数字资源信息的理解和使用能力，其中涵括着个体心理素质中的意识、批判性思维、态度等重要元素。以色列学者约拉姆与吉尔斯特的观点类似，他认为将数字素养界定在有限的技能上是非常局限的，无法涵括数字素养的丰富内涵，并将数字素养界定为理解与正确使用计算机储存数字资源及信息的能力，而这种能力包括复杂的认知、思维和情感。之后，马丁、格鲁杰茨基等也从广义的视域将数字素养界定为个人正确使用数字工具和设备、利用数字资源构建新知识、与他人沟通等的意识、态度和能力。这类数字素养概念在基于各类操作与应用能力的基础上，将一些数字化的思维、态度、情感等心理素质考虑进数字素养中，形成了一种广义的数字素养概念。

如今，数字素养不再只关注于数字化的技能和能力，广义的数字素养概念产生了广泛的影响。就像鲍登（David Bawden）所说，面对复杂的社会场景，个体应对环境变化的认知、思维等素质也至关重要。近年来，詹姆斯（James Wilk-inson）等国外学者也都自觉地将数字技术使用的批判性思维、社会情感、态度、认知等嵌入到数字素养的讨论中。国内学者蒋敏娟、翟云等也指出大多数学者认可"数字素养"是一个多面向的概念，它是技术技能、认知技能和元认知等复杂的整合。总体而言，随着智能型、密集型数字技术对复杂场景和个体思维的数字化塑造，狭义数字素养概念的缺点显而易见，其没有考虑个体认知、思维、情感等心理素质对数字素养的重要影响。面对复杂的数字世界，依靠单纯的数字技能无法支撑对整个数字世界的整体认识和问题解决。对于数字政府场景中的领导干部亦如此，为胜任复杂、多样、动态的数字活动，其数字素养的需求是多面向而非单一的，领导干部数字素养应从广义的内涵进行理解。

第四节　数字领导力相关研究

早期国外的相关研究较多聚焦于领导者如何应对信息技术及其引致的信息环境变化，因此"E-leadership"大多译为"信息化领导力"。随着人类社会进入数字时代，数字社会、数字政府、数字治理等新理念的出现，不断推动政府组织结构及领导过程的变革。如何将数字技术引入组织流程特别是领导过程，提高政府组织内部运行效能成为学术界关注的焦点。结合时代发展背景，"E-leadership"后被译为"数字领导力"。范·沃特（Van Wart）认为，数字领导力是领导者认知并识别数字环境的变化，有效整合数字技术与传统技术，实现组织绩效提升的能力。罗曼·马图塞克（Roman Mateustk）指出，数字领导力不仅包括领导者在领导过程中使用数字技术发挥自身特质的过程，还包括领导者对数字环境的感知。国内学者门理想（2021）认为，数字领导力是数字时代的领导者借助数字技术手段促使个体、团体和组织在态度、情感、思维、行为及绩效方面发生变化的能力及其过程。国内学者段柯（2020）将数字领导力定义为领导者通过战略性地使用数字资产、引领数字化转型等手段保持和增强组织在数字化环境中竞争优势的能力。概括而言，国内外关于数字领导力的定义主要集中在两个方面：一是数字环境引致领导者自身转变；二是数字技术引起组织形态及过程变革，从而影响组织绩效。因此，本书将数字领导力定义为：领导者通过对数字技术与传统技术的组合应用，首先引起自身及下属思维方式和行为结果的转变，进而推进组织数字化变革，以更好实现组织目标的能力。

一是数字认知应用能力。即数字时代的领导者对数字资源的获取、鉴别、整合及应用能力。数字资源的获取是领导者数字素养的基本体现，包括数字资源的挖掘、搜集、接收等能力。数字资源的来源十分广泛，如何对海量数字资源去粗取精、去伪存真是鉴别环节的首要工作；数字资源的整合能力对领导者的决策行为产生直接影响；综合应用程度则是检验领导者数字认知应用能力水平的关键指标。

二是数字战略引领能力。即领导者在对数字环境宏观把握的基础上引领团队实现组织数字规划的能力。"战略思维重在谋划全局，是正确处理全局和局部关系的大局思维。"数字战略引领能力体现为数字环境洞察能力和数字规划引领能力。数字时代的发展日新月异，要求领导者具备敏捷思维和适应能力，在灵活多变的数字环境中正确处理全局和局部关系，着眼全局并及时决策。

三是数字规划引领能力。即领导干部带领班子和下属制定数字变革规划、组建数字变革领导小组、激发下属参与热情的能力。领导者要充分发挥数字技术在组织建设和任务分配中的重大优势，通过营造宽松适宜的数字文化氛围，鼓励下属参与变革规划的制定，提升组织凝聚力，减少规划正式实施时的阻力。数字变革推动能力是领导者通过数字技术的运用对组织形式及人员结构实施变革的能力，具体体现为数字人才培养能力和数字团队建设能力。组织内数字人才体系的支撑是组织数字化转型与变革顺利实现的关键，因此领导者应当具备识别、培养、激励、吸引和留住数字人才的能力。

四是数字团队建设能力。即领导者采用数字化的方式建立全新组织形式和工作方式，促进组织扁平化、高效化变革，提升组织整体绩效的能力。数字协调沟通能力是领导干部通过数字化的思维和方式提升班子成员之间、上下级之间的组织力和战斗力的能力。其中，数字协调能力包括数字横向协作能力和数字纵向协同能力，前者是同级领导干部之间对数字技术的标准和应用达成共识，打破部门间信息壁垒，激发整体活力的能力；后者是在横向协作的基础上，各级领导干部将命令、号召、指示等通过数字化的方式向纵深传导，确保各项规章制度和主体责任落到实处的能力。

五是数字沟通能力。体现为领导干部创设积极的数字化沟通环境，熟练运用数字工具实现上下级信息传递，维护良好网络社会关系的能力。数字变革评估能力是领导者对组织数字化转型过程与建设结果进行分析、总结、反馈的能力，具体包括数字转型过程评估能力和数字建设结果评估能力。前者是领导干部对组织数字变革的规划及方案实施情况、领导班子及下属成员参与变革的意识与态度情况、组织变革过程中各部门之间的协同情况等进行综合分析与价值判断的能力；后者是对组织变革阶段性总结的分析能力。

六是数字文化建设能力。即领导者对组织变革成果进行的制度固化以及对组织变革成效进行宣传推广的能力，具体体现为组织变革制度体系建设能力及组织变革成效宣传推广能力。制度是人们的行为准则，通过制度的形式将组织数字变革成果予以确认，不仅有助于强化公共部门工作人员的行为，更有助于规范公共部门办公秩序，提高办事效率和服务水平。组织数字文化氛围的营造有利于持续推动组织变革进程，实现更高水平的数字化转型。数字领导力的六大维度特征之间相互关联，互为支撑。其中，数字认知应用能力是数字领导力的基石，有助于领导干部带领下属发挥公共组织数字技术的潜能与优势，实现组织数字变革的目标。数字战略引领能力是数字变革推动能力、数字协调沟通能力、数字变革评估能力的综合体现，领导干部具备了较强的数字战略引领能力，其数字变革推动等能力才会更强。数字文化建设能力受到数字变革推动能力、数字协调沟通能力和数字变革评估能力的直接影响，同时，由于组织变革的最终结果是要形成运行有效的制度体系以及团结向上的组织氛围，因此数字文化建设能力也是领导干部数字领导力的根本体现。

第五节 数字政府与数字治理相关研究

一 关于数字政府的概念界定的研究

数字政府的概念相对较新，内涵丰富，且概念界定较为模糊，缺乏统一的话语体系，国内外学者基于数字政府的某一个或几个角度对数字政府进行分析和定义。

国内学者王啸宇等认为数字政府是政府运用新一代信息技术所构建的一种政府形态，侧重于数据资产在政府管理服务、经济社会各领域的应用。黄璜基于数据—信息—知识—智慧模型（Data-Information-Knowledge-WisdomModel），提出数字政府通过技术帮助政府获取和传递更多的信息能力、数据流动与知识应用。戴长征等基于社会形态的演变，提出数字政府是政府通过数字化思维、数字化理念、数字化战略、数字化资源、数字化工具和数字化规则等治理信息社会空间、提供优质政府服务、增强公众服务满意度的过程。

国外学者霍华德（Howard）、梅约（Maio）认为，数字政府利用信息和通信技术，实现政府单层级或跨层级的一体化管理，从而创造可持续的公共价值。吉尔·加西亚（Gil Garcia）和雷蒙（J. Ramon）认为，数字政府是在新兴信息技术发展的环境下，用来描述政府的创造性投资及创新性战略，从而实现更加灵活和有弹性的政府治理活动。国际知名咨询公司埃森哲分析认为，数字政府是对电子沟通和参与渠道的最佳利用，其范围涵盖了从公共服务的核心数字化到数字基础设施、治理和流程的全部数字化以及新服务模式的交付所需的政府前台和后台的转变与改造，能够提高公众对提供服务的满意度，增强经济竞争力，打造新的参与和信任水平并提高公共服务的效率。

总而言之，数字政府集中体现了以用户为中心惠及所有公民、普遍存在的、无缝隙、透明政府、回应及时的政府、变革的政府以及一体化政府的理念和特点，是一种较为先进的政府信息化范式。政府在治理过程中大量引入现代信息网络技术，将政务电子化，构建一个有别于实体政府的无缝隙网络政府。数字政府可实现基于互联网的跨部门协同，大大提升政府的管理能力和整合能力，最终实现政府工作效率的大幅提升。数字政府不仅强调政府将新兴技术应用于治理过程中，也强调基于新兴技术的用户创新、大众创新、开放创新为特征的政府构架，并以此为基础实现政府、企业、个人多方协同的公共价值创造。目前，在发达国家及地区，与数字政府概念相近的实践包含巧政府、智慧政府、无所不在的政府和政府 3.0 等。

二　关于数字治理的相关研究

传统意义上的"治理"主要是指政府对国家的治理，是政府行使领导权力提升公民福祉的系列制度安排与活动等。随着数字化技术与手段在治理领域中的不断创新应用，数字化赋能治理的研究成为学者们关注的焦点。部分研究认为数字治理是指各级政府和公共部门使用信息和通信技术以加强治理，也即管理者如何利用 IT 和互联网来有效地执行其监督、规划、组织、协调和人员配备的职能。总的来看，西方学者尽管也使用数字治理概念，但其实更多的是讲电子政务或数字化的政府治理。例如，米拉柯维奇（Milakovich）（2012）认为，数字治理指的是信息与通信技术关系的网络化扩展，包括更快地访问网络、移动服务交付、电话会议和使用多渠道信息技术来完成更高级别的双向交易。他还认为，从电子政务向数字化政务转变是必然的，公民参与和信息技术对实现政府治理变革非常重要。本书认为，数字治理是更广意义上的治理，主要是指以数字化赋能治理体系和治理能力、构建新型治理体系为目标，在政府主导下，平台与企业、社会组织、网络社群、公民个人等多元主体共同参与相关事务的制度安排和持续过程。数字治理概念涵盖数字政府治理、数字经济治理、数字社会治理、数字技术治理等，既有"基于数字化的治理"，亦即运用数字化工具、手段、措施赋能现有治理体系，提升治理效能的过程；又有"对数字化的治理"，亦即针对数字世界涌现的各类复杂矛盾和问题的创新治理①。此外，从治理范围来看，数字治理既包括宏观层面的全球治理、国家治理、社会治理等，也包括中观层面的行业治理、产业治理等，还包括微观层面的平台治理、企业治理、社群治理等。从治理的动态过程来看，数字治理作为数字技术、数字经济、数字社会、数字政府在发展中产生的一种新型治理，包括社会治理理念变革、运行机制重构、治理方式转变、政务流程优化、体制机制调整与资源整合等（魏礼群、顾朝曦，2021）。从本质上看，数字治理是以人为本、共享共治的治理，是以政府主导、多元主体协同参与的治理，是以公共利益增进、个人福祉提升为目标的治理，是以数据为基础、数字技术和平台为支撑的治理。

（一）数字治理与数字政府

数字政府相关研究主要集中在政府信息化、电子政务、数字政府等方面，虽然对数字时代治理概念界定的侧重点不同，但总体上着重在于描述数字时代的政府治理是什么，或者应该是什么。数字政府强调的是以数字化方式重塑政府运行过程和服务模式，强调政务活动内容的数字化创新。事实上，政府信息化、电子政务、数字政府等是政府治理在不同技术条件与时

---

① 李韬、冯贺霞：《数字治理的多维视角、科学内涵与基本要素》，《南京大学学数（哲学、人民科学、社会科学）》2022年第1期。

代背景下的概念变体，政府数字化治理是一个不断迭代演进的发展过程，政府治理信息化、电子政务、数字政府等概念侧重强调数字技术在政府治理中的重要作用，着重突出通过信息化、网络化、数字化、智能化的手段解决政府治理中的复杂性。总体来看，数字政府更加强调的是政府层面的治理，数字治理的概念内涵更加丰富、更具包容性。数字政府强调的是政府通过数字化手段有效地执行其监督、规划、组织、协调等治理效能和透明性，以政府为主导的政务性事务为主要治理对象。数字治理既包括宏观层面的全球治理、国家治理、社会治理等，还包括行业治理、产业治理、平台治理、企业治理、社群治理等中观、微观层面的治理。从治理手段来看，政府治理与数字治理都突出数字化手段在治理中的赋能作用，突出数据的基础性作用、数字技术和平台的支撑作用。从治理目标来看，数字政府与数字治理都突出强调公共利益的增进、个人福祉的提升、治理效率的提高。

（二）数字治理与数字经济治理

数字经济治理主要是政府管理部门及其他主体以促进数字经济健康发展为目标，综合运用政策、法律、市场、技术、道德伦理及舆论监督等多种手段对数字经济的治理。习近平总书记指出，"完善数字经济治理体系，要健全法律法规和政策制度，完善体制机制，提高我国数字经济治理体系和治理能力现代化水平，要完善主管部门、监管机构职责，分工合作、相互配合。要改进提高监管技术和手段，把监管和治理贯穿创新、生产、经营、投资全过程。要明确平台企业主体责任和义务，建设行业自律机制。要开展社会监督、媒体监督、公众监督，形成监督合力"[①]。事实上，数字经济治理是数字治理中最基础、最活跃的部分，数字经济发展中面临的一系列问题也是数字治理中最具复杂性、先导性、挑战性的问题，数字经济治理可为数字治理提供丰富的实践案例和源头活水，数字治理的治理原则、治理工具、治理评价等也可为数字经济治理提供理论方法和指导。

（三）数字治理与数字社会治理

党的十九届五中全会提出，要加强数字社会建设，"提升公共服务、社会治理等数字化智能化水平"。数字化、智能化的发展，促使社会结构和社会运行机制发生深刻变化，在为生产生活和社会治理带来便利化、高效化、精准化、透明化的同时，也带来了一系列问题挑战。数字社会治理主要是指依托数字技术和数字平台，多元主体协同参与对社会事务的治理。数字社会治理是数字治理题中应有之义，也是数字治理中最能体现共建、共治、共享价值理念的治理。在研究和实施数字治理中，必须坚持党对社会治理全面领导的多元主体协同共治原则，尊重人民群众在治理中的主体地位，坚持信息惠民，提供更多普惠便捷、优质高效的数字服务，让人们共享信息化发展成果。要有效协调政府力量、社会力量、市场力量，激发社会活力，促进社会正义和有序运行，

---

① 习近平：《不断做强做优做大我国数字经济》，《求是》2022 年第 2 期。

有力推进共建、共治、共享社会治理制度的建设。

（四）数字治理与数据治理

数据自古就有，将数据应用于国家和社会治理具有悠久传统，但直到数字社会到来，数据才成为一种新的生产要素，在国家和社会治理中的作用日益凸显。关于数据治理，由于研究视角的不同，对数据治理的认识存在较大差异，相关研究主要集中于两个方面，一是对数据的治理，二是用数据的治理。对数据的治理是把数据作为治理对象，用数据的治理侧重于将数据作为治理工具。数据治理源于早期的 IT 治理，与以 IT 系统、设备等作为治理对象的 IT 治理不同，数据治理的对象是数据。事实上，数据治理的内涵非常丰富，既包括微观层面的企业内部的数据治理，也包括对数据本身的治理，还包括通过数据工具实现政治、经济、社会的治理。整体来看，数据治理维度和层级不断拓展、深化，从最初关注企业内部的数据治理向政府数据治理，再向平台生态系统数据治理转变。总体来看，数据治理是更强调数据作为治理对象和治理工具的治理，与数字治理宏大的关切视野相比，是更加具象的治理，突出的是对数据的治理，以及以数据为手段对政务性事务和活动、企业内部的事务与活动的治理。事实上，数字治理与数据治理都是源于数字技术变革和驱动的治理，是数字技术与原有体制机制相融合、嵌入的过程。这一过程包含了技术逻辑、行政逻辑和市场逻辑，如何将技术逻辑与行政逻辑、市场逻辑有效结合在一起，应当进行深入系统的研究。

第六节　研究现状述评

综上所述可知，经过半个多世纪的不断发展，相关研究在理论构建和实践应用方面取得很多成果，不但为政府人力资源的组织开发与管理提供了指导路径，而且为提高领导干部数字化能力以及优化政府组织效能方面提供了有益启示。

一　国外相关研究的优点与不足

（一）国外研究的优点

一是建立了适应时代发展与适合自身情况的公务员能力框架以及分类评价标准。当今欧美等发达国家研究者认为，可针对不同层级领导干部特征提炼出通用素质；有的则分别针对不同岗位与职位的特点设计了相关的胜任能力要素，并进一步划分出能力层次，对照级别、类型在能力框架中找到相对应的能力标准结合本国实际情况与现实需要形成自身特色的能力框架。

二是国外研究涉及政府层面和学术层面对能力模型进行探索，都关注构建能力框架模型来促进和保障领导干部招聘、培训、考核等管理体系。

三是国外领导干部能力理论与实践日趋结合多学科的理论

与方法，从最初的管理学，逐渐结合心理学、社会学、政治学、统计测量学、计算机等多学科先进理论、方法与技术不断得以完善与发展。此外，领导干部能力构建的理论取向与理念愈加包容开放、灵活，从传统的胜任力多元研究到领导力个体与组织层面的整合趋向，以及最新倾向于综合传统公共行政、新公共管理与新公共治理的优秀治理哲学理念等，这有利于治理能力的理论与实践发展超越既定治理模式的局限，以更好地适应当前现代化变革的时代挑战。

（二）国外研究存在的不足

一是国外多数关于公务员能力的文献是规范性的并且主要涉及高级领导干部（管理人员）的能力。像欧美等发达国家更注重细化开发高级领导干部能力标准，而忽视对基层领导干部能力的研究。

二是国外虽然由于国情、制度不同，对不同层级的领导干部能力素质要求存在一些差异，对面临现代化挑战的领导干部新型能力也有一些有创新性的探讨，但都没有明确提出基于治理现代化视角的领导干部治理能力概念，相关理论也不健全，对评价方法与发展路径也鲜有涉及。

二　我国相关研究的优点与不足

已有国内研究为本书展开领导干部数字化能力研究提供了可借鉴的理论框架与可参照的研究方法。

（一）国内研究的优点

一是在借鉴国外能力研究的基础上，结合我国国情形成了我国各级干部能力的一些指标体系及其模型。而这些能力模型中既有关注通用能力倾向，也有倾向于探究职业能力、专业能力倾向，并且对各个领域与各个层级的干部都有所涉及，覆盖面相对较广。

二是从时间上纵向梳理国内相关研究可得，对我国领导干部治理能力的研究日趋采用多种方法与应用多学科视角的理念，研究愈加科学、规范、有效，对干部能力的相关研究日趋深入，在公共管理领域，关于治理能力的研究日趋兴起。

三是从横向研究来看，对干部能力影响因素的研究日趋增多，综合而又深入地探讨干部能力结构与影响因素及发展对策，使得干部能力的相关研究日益丰富。

（二）国内研究存在的不足

一是缺乏对领导干部数字化能力的系统性研究。已有研究或者是对领导干部的通用能力进行考察，或者仅对领导干部中的一部分群体（例如市厅级干部、县处级干部、机关干部）进行能力测评与发展研究。对县区级以下的基层领导干部数字化研究不够关注而乏善可陈。相对忽视对基层干部数字治理能力进行系统研究，缺乏基层干部数字治理能力相关的影响因素模型研究。

二是缺乏原创的、系统性的、本土化的领导干部治理能力理论，特别是缺乏从新时代我国特有的治理现代化角度来研究领导干部治理能力。已有的研究多数是从国外直接借鉴成熟的理论套用到国内研究，并且从治理现代化角度深入研究领导干部治理能力的基本没有。目前对治理能力这一概念做明确界定的研究付之阙如，已有对领导干部治理能力的研究主要侧重于从政府与社会的关系及领导干部的个人属性等，或侧重于领导干部绩效与队伍建设等，而从治理能力现代化视角探究领导干部治理能力的很少，更没有研究对领导干部治理能力做明确的界定。

三是缺少通过建立领导干部治理能力评价指标体系和治理能力影响因素模型对领导干部治理能力进行量化研究。已有研究虽有不少涉及能力测评，但是缺少以评价指标体系对领导干部治理能力量化评价，领导干部治理能力测评和考核体系也需要进一步完善将治理能力现代化融入探究治理能力指标构建的本土实证研究很少，这就造成了领导干部治理能力发展的依据缺乏和效果有限，而关于微观层面的领导干部治理能力影响因素的相关研究也相对缺乏。

四是通过对既有数字素养相关文献的回顾，不难发现数字素养概念与内容的多样性和复杂性。针对这一研究现状，既有研究指出，数字素养议题是一个混乱的领域。从狭义到广义数字素养概念之争，再到单一和综合的数字素养框架之辨，数字素养的研究共识远未达成。但从纷繁复杂的文献中，也窥见了数字素养议题的主流和发展趋势。

五是关于数字素养的结构内容，面向不同主体的数字素养框架展现出了差异，这反映了不同职业群体的数字素养框架构建应回应其职业场景和任务特性。这也为领导干部数字素养框架的建构提供了有益启示。一方面，领导干部是一种不同于教师、公民等群体的特殊职业，其面临的数字场景、任务、使命和其他职业完全不同，其数字化能力的需求和表现也不同于其他群体。这意味着不应当把针对其他主体构建的数字素养框架套用在领导干部群体身上。另一方面，领导干部数字素养框架的结构是多维而非单一的，不仅要考虑领导干部对数字技术的操作，还要考虑数字技能在行政、治理任务中的嵌入和应用，要关注领导干部所处的文化与心理背景对数字素养的影响。

因此，本书在借鉴国内外研究的基础上，结合我国行政体制特点与现代化推进对领导干部能力发展的现实需求，进行领导干部数字治理能力研究。一方面，在有机融合了国内外数字治理能力最新研究的基础上，通过综合多学科（管理学、政治学、心理学、社会学等）的观点与方法，厘清并界定领导干部数字治理能力概念，弥补了以往理论研究的不足；另一方面，采用质化与量化研究相结合的方法，建立基于治理现代化的领导干部治理能力的评价指标体系，编制领导干部治理能力问卷，调查得出山东省领导干部治理能力现状，并构建领导干部治理能力关键影响因素模型，以此为基础，进而提出提升领导干部治理能力的对策。

第三章 领导干部数字化能力提升的现实困境

第一节 数字政府建设层面

当前，建设数字政府已成为发达国家的普遍选择，美国、英国、德国、澳大利亚等国数字政府建设处于世界领先水平。我国数字政府建设虽然起步较晚，但由于各级政府高度重视，也得到了快速发展。与此同时，我国数字政府建设在宏观层面上数字治理顶层设计还不够健全、中观层面上数字技术应用领域还不够广泛、微观层面上数字服务保障能力还不够完善，这些问题成为制约我国数字政府建设的主要障碍。

一 数字治理顶层设计不够健全

世界四大会计师事务所之一的德勤（Deloitte）基于对全球

数据的分析发现，充分运用信息技术并将其用于企业运营管理和政府社会治理，可以有效提升管理能力，释放更多创新活力。建设数字政府是一项系统工程，既涉及信息基础设施建设，又涉及各类云平台的搭建，同时还涉及与之配套的技术标准、法律法规和体制机制。一方面，当前我国各地方政府对数字政府的内涵界定仍存在差异，将数字政府建设视为有限场域下实现政府转型的方式，这就导致各地方相关规划导向不同。例如，广东省人民政府 2018 年 6 月印发的《广东省"数字政府"建设总体规划（2018—2020 年）》主要侧重于对传统政务信息化模式的变革，通过对信息化业务的流程再造来大幅提高政府行政效率；浙江省人民政府 2018 年 12 月印发的《浙江省深化"最多跑一次"改革推进政府数字化转型工作总体方案》更倾向于从政府施政理念出发，通过精准把握民众所需，构建数据驱动的行政流程、手段、工具来推动政府"放管服"改革；贵州省出台的《贵州省"十四五"数字政府建设总体规划》则是侧重部门协同，围绕基础设施、数据资源、业务应用和运营管理一体化建设，大幅借助社会资源来实现数字化转型。总体来看，目前各地数字政府建设形式与内容都较为单一，相关政策主要侧重于省内，对构建跨省域联动形成合力的建设机理和路径缺乏清晰认识，对如何实现政府管理数字化转型缺乏长远战略思维。另一方面，各地方政府搭建的技术平台标准规范亦存在差别。平台构建与运维大都是承包给不同的大数据企业，这将会导致数据标准不一，容易出现"数据烟囱""信息孤岛"。虽然从中央到地方自上而下相继推出了很多规范性指导文件，但条块分割的体制导致各式各样的数据库、数据平台林立，缺乏统一的规划与基础设施建设，不同省份、不同系统、不同部门数据整合的制度性交易成本较大，这种不平衡、不健全的标准规范制约着我国政府的数字化转型。

二　治理主体间数据协同共享水平不高

数字治理需要多地区多部门参与主体之间的协同合作，政府部门、非政府组织、私营部门和公民等多元主体都要共同参与治理。从我国目前情况看，非政府组织和私营部门参与程度仍有不足，参与路径不清晰、数字化水平不高，存在政府推动不足和社会公众缺乏信任等问题，由此带来数字治理中政府与非政府组织、私营部门之间的互动善治不够，治理主体和社会力量之间不协调。当前，我国在推进数字政府建设中，普遍存在数据开放共享程度较低，部门之间"信息孤岛"的现象，数据开放共享成为数字治理水平提高的"堵点"。特别是对数据的采集、存储、挖掘、分析、可视化等开发利用方面，共建、共管、共享、共用的数据生态还存在短板，仍然处于基础阶段。另外，政府对数据安全的保护设施和保护手段滞后于数字技术发展速度，数据安全问题突出。还有，在传统管理理念影响下，政府数字治理与数字经济发展的融合度不够，一些地方政府在推动政府数字治理变革中，仅停留在信息公开层面，没能真正实现融合、合作，服务型政府建设面临新的困境。

三　数据安全问题

保障数据安全是数据开放的底线，然而随着大量政务信息、个人信息的电子化，数字政府建设中的数据安全正面临严峻挑战。一是我国数据安全核心技术存在隐患。据海关总署统计，2018 年我国超过 90%的芯片、元器件，超过 70%的通信骨干网络设备来自国外，操作系统、专业软件、大型应用软件以及其他高端技术服务等方面仍然依赖国外进口或专利，因此，我国电子政务关键信息基础设施和相关重大国计民生的重要信息系统存在潜在风险和深层次隐患。[①] 二是个人、企业的相关信息存在泄露风险。数据安全保障的规则体系尚不完善、隐私保护和安全保密还需加强，数据安全相关的管理体系、技术支撑、评价监督、风险评估、安全防卫等方面均有待提升，有待形成安全可管可控的数据保障体系，保证数字政府建设有序推进。

四　数字服务保障能力不够完善

相较于企业性质的数字信息处理平台，政府内部系统并不总是与私营部门系统的易用性和效率相匹配，它们在数字服务

---

① 傅建平：《新技术在电子政务中的创新应用及对中国的启示》，《行政管理改革》2019 年第 5 期。

的设计过程中面临不同的数据源、不集成的工具集、零散的工作流、不相交的技能集等障碍。运用新一代信息技术整合、挖掘、利用数据价值创新数字服务是一项系统工程，需要从标准确立、技术支撑、安全监管等方面建立相应的体制机制，通过制定符合市场规律的行业标准，激励先进高效的技术创新，建立全面安全的数据监管体系，以实现信息技术集成与数字服务能力的有机结合。大数据的价值不只限于数量上的大小，还指通过海量数据的收集整理提取出数据中蕴藏的大量具有价值的信息，而获取海量数据资源的基本前提是开源的数字信息共享平台。从目前数字服务系统的实践来看，部门之间"信息孤岛"仍较为普遍，数据开放共享成为数字政府建设的"堵点"。同时，数据资源的交流和交换具有信息渠道更为开放、信息来源更为多元化的特征，在数字信息加速流转、各类信息不断交汇的新一代信息社会大背景下，安全管控难度更大、更复杂。当前，政府对数据安全的保护设施和保护手段已滞后于新一代信息技术发展速度，数据安全问题愈加突出，数据的采集、存储、分析和利用等环节都亟待有效的安全防护。建设数字政府要将数据安全问题摆在重要位置，建立健全数据信息安全、网络监督、信息公开等体制机制，构筑起数据安全的法治之网、责任之网、义务之网。

第二节 数字化人才支撑层面

数字技术、数字经济是世界科技革命和产业变革的先机，是新一轮国际竞争的重点领域。发展新质生产力，与数字经济的蓬勃发展密不可分。我国"十四五"规划对建设数字中国进行了全面部署，提出加快数字化发展、提升全民数字技能。近年来，我国数字经济取得了举世瞩目的发展成就，深刻改变着经济社会运行方式，对生产力变革的推动作用也日渐凸显。国家互联网信息办公室发布的《数字中国发展报告（2022 年）》显示，2022 年我国数字经济规模达到 50.2 万亿元，占国内生产总值的比例提升至 41.5%，数字经济总量稳居世界第二。与数字经济的迅猛发展及现实需要相比，我国数字人才培养还处于起步阶段，存在总量缺口较大、高层次人才占比较低、行业和区域分布不均衡等问题。《产业数字人才研究与发展报告（2023）》显示，我国数字人才缺口在 2500 万人到 3000 万人。如果不能及时增加人才数量、调整和优化人才结构，随着数字产业化与产业数字化进程的加快，这个缺口还会继续扩大，将会影响甚至制约我国数字经济的发展。

一 数字人才储备匮乏

目前，由于数字技术相关人才的薪资水平较高，人工智能、

区块链等方面的优秀人才往往会优先选择平台型企业。这导致
的长期效应是，大量优秀人才进一步向企业集聚，而国家数字
化人才的储备则越来越匮乏。当然，国家在一些突发事件或特
殊情境下也可以向相关企业借调人才，但数字化是一个长期性
的、持续性的过程，这种人才资源的不平衡从根本上会影响到
数字治理能力。数字化转型的关键是人才只有在政府、科研院
所及国企有充分数量、质量的数字化人才，以国家为中心的自
主性数字化转型才能真正启动。总之，国家需要通过政策平衡
或资源倾斜来确保相关国家研究机构或大型国企拥有充足的数
字化人才，并通过这些人才的工作和努力来保障国家关键数字
资源的自主性。

　　一个流行但不明确的概念新技术的快速发展，催生出新的
商业模式和业态，新业态孕育了新的职业，也涌现出了新的人
才群体，而新职业人才的发展将促进经济的增长，并提高其活
力。《中华人民共和国职业分类大典（2015 年版）》颁布以来，
人力资源和社会保障部已经连续 5 次公布新职业类型。一批掌
握新技术和能力的人才的迅速成长，为数字经济的蓬勃发展提
供了注脚。在众多新业态和新职业中，有一类与数字化转型密
切相关的人才，如 VR 指导师、人工智能训练师、数字化运营师
等。截至 2022 年，职业分类中已经标注了 97 个数字职业。这
些职业或者是通过数字技术赋能而带动的传统职业变迁，或者
是随着信息化的广泛应用而产生的职业衍生，从事这些职业的

人才无疑应属于数字人才的范畴。近年来，数字人才在各行各业、各类组织中都备受推崇，但其概念始终没有被明确。主流的观点有三种：第一种界定相对客观，即基于经济合作与发展组织（OECD）的信息通信技术（ICT）技能划分方式。清华大学经济管理学院互联网发展与治理中心研究团队是支持并应用这一概念界定的代表，他们将数字人才划分为拥有 ICT 专业技能的人才和拥有与 ICT 专业技能互补协同技能的跨界人才。ICT 专业技能主要指以编程、网页设计、电子商务、大数据分析和云计算等为主的开发 ICT 类产品和服务时所需的一系列专业技能。ICT 补充技能主要是指可运用特定的数字技能或平台辅助解决工作中相关问题的技能，包括处理复杂信息、与相关方沟通、提供解决方案等。基于此类划分，当前我国的数字人才需求仍以 ICT 专业技能领域人才为主，以拥有 ICT 补充技能的人才为辅。第二种界定相对包容，即满足数字时代发展需求、具有数字化技能的人才，也经常被称为数字化人才。华为结合企业数字化转型需求，将数字化人才划分为数字化领导者、数字化应用人才和数字化专业人才三类：数字化领导者通常具备数字化思维，在组织内可以自上而下持续、坚定推进数字化变革的高管团队，首先应当具备数字化领导能力，继而兼具敏捷性和适应性；数字化应用人才是指可以基于不同业务场景、借助新技术推动数字化转型的核心业务骨干，关注数字化技术如何与相关业务模式融合以创造新的价值；数字化专业人才是指掌握数字化专业技术的人才，包括传统 ICT 专业人才和新职业中的数字化人才。从人才标准的角度来看，数字化人才标准包括数字化战略观、数字化思维模式、数字化执行能力、数字化创新能力等。第三种界定相对宽泛，即能够主动适应数字经济发展、拥抱数字变革的人才，又叫数字经济人才。数字经济的发展过程，就是越来越多的人才成长为数字化人才的过程。随着中国数字经济规模的日渐扩大，就业容量也在不断扩充。在目前的就业市场上，成长于信息时代的"90 后"甚至"00 后"已经成为主力军，他们对数字技术发展动向更加敏感，具备学习数字新技术的精力和能力，也更加愿意从事数字技术应用行业，通过更加灵活的方式发挥自己的价值，使得数字就业规模长期拓展，同时也在探索和创造着新的数字经济发展业态和就业岗位。

二 公众数字素养教育不足

新质生产力的特点是创新，本质是先进生产力，具有高科技、高效能、高质量的特征。发展新质生产力，促进社会生产力实现新的跃升，离不开数字经济的创新发展。数字经济是技术驱动的经济，是构建现代化经济体系的重要引擎，而人才是数字经济发展的重要基础和推动力量。具有创新思维和专业技术技能的数字人才，是技术创新和应用的主体，是发展数字经济的第一资源。无论是培育壮大新兴产业、超前布局建设未来产业，还是完善现代化产业体系，都需要规模宏大的数字人才提供支撑。如何加快数字人才培育、更好发挥数字人才在数字经济发展中的基础性作用，加快推动新质生产力发展，成为既重要又紧迫的时代课题。

数字化不仅是一种技术方面的转型，由此引申出了数字革命，还创造了人类的革命。数字化技术在对人类的生活场景、思维方式进行重大变革，重组人类与他人之间的关系的同时，也改变着人类的认知，这种认知事关未来的"生存"。更好地面对生存场景和生活方式的数字化，需要数字时代的公民具有数字素养。数字化在对人类进行整体性重塑的同时，由于多种层面的数字鸿沟的存在加剧了现实的不平等，在此背景下，数字能力成为形塑公民精神和健康的公民文化必须逾越的鸿沟。人类必须为数字化世界带来的行业做好充足的准备，其中最重要的就是提升数字能力。在此背景下，各国均意识到数字能力提升对赋能数字经济、建设数字社会的重要意义，纷纷出台战略规划对提升全民数字素养与技能作出部署安排，助力国家竞争力和软实力提升。

2023 年 2 月，中共中央、国务院印发《数字中国建设整体布局规划》，强调强化人才支撑，培养创新型、应用型、复合型人才，构建覆盖全民、城乡融合的数字素养与技能发展培育体系，为数字人才培育指明了发展方向。在新质生产力发展过程中，云计算、大数据、人工智能等技术的创新和应用，加速了传统行业的数字化转型，也催生了众多的新产业、新模式。同时，一批新职业，特别是数字领域的新职业应运而生。为在更高水平上推动人才发展与产业需求紧密衔接，2021 年以来，人力资源社会保障部会同行业主管部门陆续面向社会发布了 14 个数字技术领域的新职业，启动了数字技术工程师培育项目，开辟了数字人才培育的新赛道，发挥了示范引领作用。2022 年修订的《国家职业分类大典》首次对 97 个数字职业进行了标识，颁发了"身份证"，在"工程技术人员"中新增了"数字技术工程技术人员"小类，凸显了数字技术的重要地位。这些举措，为数字人才培育奠定了基础。2024 年 4 月，人力资源社会保障部、中共中央组织部、中央网信办、国家发展改革委、教育部、科技部等 9 部门联合下发《加快数字人才培育支撑数字经济发展行动方案（2024—2026 年）》（以下简称《行动方案》），针对技术和技能两支人才队伍，实施数字人才培育、引进、使用等方面的 6 个专项行动，旨在优化数字人才要素结构和发展环境，改善数字人才供给，吹响了部门联动、多措并举加快数字人才培育的集结号。

第三节　数字鸿沟带来的治理挑战层面

数字鸿沟凸显了网络对现实中已经存在的不平等现象的推

波助澜，甚至带来了大量的数字弱势群体。随着数字社会建设的不断推进，数字鸿沟也从开始的接入鸿沟，发展到素养鸿沟，近年来更有人提出以数据为核心的"智能鸿沟"的概念。数字能力鸿沟是素养鸿沟在数字社会深入推进过程中对人适应社会的要求不断提高的体现，也是素养鸿沟在法律层面的具体展现，现实中数字鸿沟对权利义务实现的场景进行了多维重建。

一　数字鸿沟加剧了个人社会地位的不平等

数字时代在原本存在的社会不公平的基础上，又增添了算法社会中的不公平。信息差距不可避免地带来权利享有的差异，进而加剧个人社会地位的不平等。公民中存在的信息差距包括计算机持有能力与上网条件这两个方面的不平等，会影响知情权、参与权的享有或行使，使得数字弱势群体被排斥在社会公共事务之外。"计算机持有能力与上网条件"则代表了数字参与能力，是数字能力的基础体现，同时，数字能力鸿沟还体现为数字行动能力、数字防护能力、数字协商能力及数字权利救济能力的不平等。在数字社会中，数字能力的不平等加剧了现有的个人社会地位的不平等以及资源分配的不平等，必然带来数字时代权利义务实现的不平等。在数字技术快速更迭的过程中，人类数字化的进程加快，人的个体行为不断被数字化。数字社会的公民要想满足"数字化生存"的条件，就必须不断提高自己适应数字社会的能力，数字能力是数字社会平等及法治化发展的应有之义。

二　数字鸿沟加剧了信息和机会的不平等

随着数字社会的推进，数字鸿沟不仅没有弥合，而且还在不断加深，由原来的接入不平等转向数字能力和惯用模式的不平等。网络社会一方面具有过多的连接，另一方面又过于分化，"分化的日益扩大导致了更多的社会张力"。网络社会结构突出网络个性化，同时数字鸿沟也导致社会阶层的极化。网络能够连接并扩散知识和资源，同时也加剧了社会和信息的不平等，导致"富者愈富"的社会阶层极化现象。不得不承认，网络的接入和使用是数字社会的"入场券"，接入和使用在一定程度上就成为获得机会、享受权益的门槛。年龄、阶层、地域、技术等个体层面的数字鸿沟，不仅加剧了原本便已存在的社会不平等，同时还导致了数字弱势群体的边缘化并使之失去发展动力，剥夺了数字弱势群体的信息和机会，剥夺了他们参与社会公共事务、融入数字社会和实现公民自治的机会，继而丧失了争取权利、谋取利益的机会，必然削弱他们的公民权。数字弱势群体的诉求难以引起主流媒体的注意，互联网并没有消弭现实中的不平等，只是将门槛从传统歧视转向了信息歧视。不平等的虚拟数字身份，数字鸿沟与算法歧视的叠加，导致互联网将加剧和复制不平等，而不是消除不平等。

三 数字鸿沟加剧地区及国家间的不平等

世界范围内的研究者对国家的互联网基础设施、地区的城乡区域对比及个人的人口统计学因素均进行了大规模的数据检验，得出了影响"数字鸿沟"的不同因素及其影响力大小。但这些因素都倾向于客观方面，倾向于认为"数字鸿沟"是受制于社会结构因素、传播制度的被动行为，而忽略了行为主体自身在数字化社会中的能动作用。从这个意义上讲，在完善数字公共服务和传播制度的基础上，发挥行为主体的能动性，提升数字主体的数字素养和能力是弥合数字鸿沟、保障数字主体权利义务实现的基础。从国家角度讲，数字贫困群体的马太效应将加剧贫富分化，数字鸿沟不仅影响数字弱势群体生存状况，也会加剧地区及国家间的贫富差距。

四 数字鸿沟带来"自动的不平等"

算法自动决策将人与资源分离，对人进行分类，并侵犯个体的隐私权和自主选择权，而在社会服务项目中算法的错误和有意排斥将严重影响数字弱势群体的生活质量，甚至影响他们的生存。由此，数字技术通过数据分析，统计模型与算法的监管网络，控制、操纵和惩罚着数字弱势人群，无形中加剧了歧视，并创造了一个不公正的世界。在数字社会，互联网具有提供信息获取途径的基础性作用，这是新科技赋权于民的表现，网络接入为公民提供了新的赋权渠道，最终反哺于网络应用，进一步弥合"数字鸿沟"。但是如果因为数字能力的缺失导致数字弱势群体被排斥在互联网之外，将会剥夺他们参与政治与争取公民权益，如公共福利和医疗保障的机会。技术不能达致正义，更不能代替正义。在弥合数字鸿沟的同时，加强算法监管，特别是社会公共项目中的算法公正，是创造一个更加公正的数字社会的重要举措。

第四节　领导干部能力评价层面

当前依托传统方式的评价存在诸多困境，严重制约了干部选拔培养的科学性与有效性。为深入把握当前我国干部评价工作中存在的困境，以"党政干部的选拔、培养、评价的现实困境"为题，已有研究对山东、河南、河北、甘肃、内蒙古、青海、浙江、江西、福建、广西、广东等不同省份的多个城市的一线干部进行调研，发现当前我国党政干部管理中的显著问题。第一，在访谈资料回收后，首先仔细阅读全部资料，选出与干部评价工作密切相关的重要文本做标记，完成田野速写（write-ups）保证熟悉资料且在归纳时所有资料均得到使用。第二，确定子类目，根据当前干部评价工作的现实困境凝练子类目，确定评价工作量大、评价完成时间紧迫等七种干部评价困境的具体表现形式，并整体审视子类目的穷尽性及互斥性。第三，确定主类目，根据子类目具体内容向上提炼出评价任务繁重失真、评价过程主观失当、评价结果应用不佳三个方面的主类目，进而得出关于当前我国干部评价工作中存在现实困境的真实、可靠的研究结论。当前干部评价工作的困境具体见表 3-1。

表 3-1 干部评价工作的困境

主类目	子类目	意义解释	语料举例
评价任务繁重失真	工作量大	需要完成对大量干部、大量信息的评价	"要对 5 种类型 170 名工作人员开展不同类型考核"
	完成时间紧迫	需要在并不充足的时间内完成评价任务	"15 天的工作时间里要完成制定方案、总结述职、民主测评等 9 个工作环节"
	监督者出现缺位	上级部门对任务完成情况的检查重量不重质	"组织部门对考核工作的监督重点放在资料的审核上……很少对考核过程进行指导"
评价过程主观失当	纳入无交集评价者	对干部缺乏了解"评不了"	"大部分人员之间也许没有过工作交集，但是具有评价的资格，这种模式下的考核评价，谈不上效能"
	缺乏私密性	害怕招致报复"不敢评"	"由于会场不具备秘密写票条件，经清点，收回的 22 张选票全部为优秀"
	难以评判具体特质	难以评判干部具体特质"评不出"	"出现较多的是'人很好''很勤奋''亲力亲为'等模糊性描述词汇，大家对于拟选拔对象经常是缺乏深刻认识的"

续表

主类目	子类目	意义解释	语料举例
评价结果应用不佳	使用程度缺乏规范	尽管形成了评价结果却未得到有效利用	"到了考核当天，除了常规的汇报以外，这些资料却并没有多少人查看关注"

（一）评价任务繁重失真

当前干部评价工作往往要求各单位在极短时间内整合大量信息、对大量党政干部进行评价，导致评价"时间越来越紧、任务越来越重"。一位曾多次被抽调参加某区委组织部年度考核工作的干部谈及，"干部年终考核任务过于繁重，15 天的工作时间里要完成制定方案、总结述职、民主测评等 9 个工作环节，要对 5 种类型 170 名工作人员开展不同类型考核"。在繁重的工作任务下，考核组成员每天都精疲力竭、疲于应付，"考核进行到后半段，一位德高望重的老同志终于不堪疲惫，在述职会上打起了盹"。与此同时，大量材料的准备更是使得考核组难以应对"印制回收各类测评、考核登记表格近 500 份，部分表格甚至要求必须手写，考核期间天天加班"。在紧迫的任务敦促下，考核组往往会为完成任务而进行"应付式评价"。一位干部表示，"为加快工作速度，在考核过程中，评语往往由被考核者提前自行拟写，考核组只做简单审核修改"。这在实质上导致了评价结果是基于被评价者自身的"自我评价"，这样的评价结果存在失真，在对干部的选拔、培养中难有参考价值。而诸如此类情况，在现实中却往往难以得到有效遏制，本应起到监督作用的上级组织部门在现实中因为缺乏有效评才技术支持，对于考评内容与结果的监督也常常"缺位"。一位区组织部门负责考核监督工作的干部反映，"组织部门对考核工作的监督重点放在资料的审核上，主要审查各单位是否能按时报送考核结果、资料是否齐全、格式是否规范，组织部门很少对考核过程进行指导"。评价紧迫性的加剧与任务量的增加，导致对党政干部的评价往往只能保"量"，无法求"质"，评价的真实性、客观性与可靠性受到严重威胁。

（二）评价过程主观失当

评价过程主观失当是对干部评价的另一掣肘，具体体现为"评不了""不敢评""评不出"三个方面。首先，评价者对评价对象缺乏了解，导致"评不了"。在对党政干部的评价中，通常需汇总多方对于被评价者的综合意见，以形成对被评价者全面、立体的了解。然而，这一过程常不如预想。一位广东干部表示，"部分人员甚至可能存在互相不熟悉的情况，大部分人员之间也许没有过工作交集，但是具有评价的资格，这种模式下的考核评价，谈不上效能"，彼此不了解的干部之间却进行了互评；另一位来自山东的干部也反映，单位领导们往往只对自己所分管部门的干部有充分了解，却要评价整个单位的干部，"工作人员跟领导接触少，领导干部不懂怎么分类打分，不知道你具体是哪一类优秀……自己部门分管领导只给自己部门的工作人员打高分"，评价难免失之免偏颇。其次，存在评价者害怕因评价而招致报复，导致"不敢评"的情况。在考核组征求单位成员对其他同事的意见时，评价环节的匿名性常难以得到评价者的信任，许多评价者不敢谈及被评价者的不足。一位干部曾表示，由于害怕考核组成员泄露谈话内容，在考核组找到他了解关于某同事的 10 次谈话中，他均没有反映被评价同事的不足。一位被区委组织部多次抽调参加干部提拔民主测评工作的干部表示，目前的民主测评很难听到否定性的声音："2021 年我负责了该单位下属部门民主测评活动选票的清点工作，由于会场不具备秘密写票条件，经清点，收回的 22 张选票全部为'优秀'。"最后，被评价者的部分特质难以得到具体评判，导致"评不出"。对党政干部的评价涉及德、能、勤、绩、廉等多个方面，而这些方面并非都能通过评价材料得到体现，目前的实践中大多只能通过主观性的方式进行评价。一位广东干部表示："很少有能够切实进行有理、有据客观评价的，很多情况下，是基于主观印象，以及与拟选拔对象的关系，出现较多的是'人很好''很勤奋''亲力亲为'等模糊性描述词汇，大家对于拟选拔对象经常是缺乏深刻认识的。"而基于主观的评价，必然难免在评价中融入价值判断、个人好恶等干扰性因素，对党政干部的素质评价实则"评不出"。

（三）评价结果应用不佳

评价的结果往往凝结了大量时间、精力和财力的投入，然而，却往往无法得到有效利用。在部分情况下，党政干部的选拔、培养会遭到"内定"而并非依照评价结果。一位干部表示："在年底考核的前一个周末，领导就安排大家对照《目标责任书》和《考核清单》准备材料，大家忙得不亦乐乎，整理了许多资料。可是到了考核当天，除了常规的汇报以外，这些资料却并没有多少人查看关注。"对被评价者的最终安排仍然基于评价者的"任意"。许多来自广东、青海、内蒙古的干部同样提及，所在部门均只是通过"轮流评优"或"一把手内定"等方式片面、武断地决定干部的评价和选培，干部们辛苦准备的评价材料常常只是被弃置一旁，并不会得到充分使用。党政干部评价当前面临任务繁重失真、过程失当、结果应用不佳等一系列现实困境，如不加以妥善应对，传统评才势必会导致党政干部选拔、培养效能提升严重受限，难以源源不断选拔、培养出真正堪当民族复兴重任的高素质党政干部。我国"十四五"规划纲要提出要加快建设数字经济、数字社会、数字政府，以数字化转型整体驱动生产方式、生活方式和治理方式变革。数字技术的出现为重塑传统的党政干部评价带来了希望，依靠新兴技术对传统党政评才模式进行赋能，正不断积蓄力量为传统评才带来一场根本性革命。相关做法目前已越来越多地被应用于企业和公共部门实践中，同时，数字技术运用到人才评价中的诸多理论、方法，均可期被应用于我国党政干部评价，打开数字评才的新局面。

第五节　数智时代政府治理对领导干部
　　　能力的新要求

随着大数据、互联网、云计算、区块链和人工智能等新兴数字技术的快速发展和应用，在加速社会发展和进步的同时，也加剧了人类社会整体运行的复杂性和不确定性，使得人类普遍数据化和算法化的程度进一步加深，进而衍生出诸如算法歧视、就业替代、隐私泄露以及责任缺失等一系列社会问题，这既给以政府为主导角色的社会治理带来极大的挑战，也给政府自身内部的行政管理改革带来了新的要求，这些新情况呼唤政府治理模式的转型升级。

一是全新的公共治理和服务空间正在产生。随着智能技术的集成涌现，催动着人类社会第四次工业革命的发生，使得人类社会正在由传统的以"物理空间"和"人类社会"为主的二元空间逐步进入了"物理空间""人类社会""信息空间"所构成的三元空间，将会对政府、公众、社会组织、企业各个行动主体的行为方式产生影响，改变各行动主体之间的互动方式，公共治理和公共服务空间也会带来革命性的变化。智能技术的广泛嵌入加剧了社会数字化、智能化和智慧化的程度，社会的运转形态正在朝着一个高度互联和去中心化的方向发展，政府将会面临全新的公共治理和服务空间，比以往任何时候都要快速适应不断变化的新技术、新环境，加深对治理对象的了解以及对治理的想象力。可以说，新一代信息技术群正在重构政府治理的对象和内容，面对这场前所未有的历史性大变革，必须以自我革命的勇气打破墨守成规的思维旧习，以勇于创新和开拓进取的行动力打造一个面向智能时代的新型智慧政府。

二是政府与社会的关系正在变得异常复杂。传统工业时代的政府更多是一种依赖单向权威施加运转的组织体，政府往往对社会拥有绝对的话语权和控制权，社会中的个体（公众）、社会组织等其他行动主体只能被动接受。而我们正在经历的智能时代，正在颠覆这种单向调适的权力运行向度，朝着双向调适或网络式的权力运转方向发生改变，因为新兴数字技术所具备的双向赋权属性使得传统政府与社会之间所呈现的单向调适关系难以为继，依托新兴的数字技术（社交媒体、智能终端等）的支持，改变了传统信息自上而下，由政府向社会单向传递的模式，社会端对政府端的数据输入、信息输入和知识输入的权重越来越大，影响越来越普遍和深入。与此同时，政府、企业、社会组织和公众等社会主体间正在呈现一种网络化的相互纠缠关系，单个主体可能同时和多个主体发生业务关系和信息的往来，政府与社会的关系发生改变，很难再以一种简单的单一结构关系进行解释。

三是深度数字化和智能化正在引发治理超载。新兴数字技术推动下的深度数字化和智能化正在加剧政府的治理负荷，对政府治理体系和治理能力带来极大的挑战。在"三元空间"的环境下，政府所需要面对和服务的对象逐渐开始变得更为复杂和多元。传统政府只需要面对公众个体或是经由民族国家、工业企业组织起来的市场和社会，而在智能社会情景下更多微观的交易和行为正在悄然发生，使得"在场和缺场纠缠在一起，远距离事件和社会关系与地方性场景交织在一起"，政府所面临的对象客体正在以一种有别于传统的单一形式出现，社会环境的复杂性和不确定性进一步加大，政府治理超载的可能性越来越大。具体来看，人工智能与人类的结合使得人类个体所具备的能力有了极大的扩充，依托新技术和设备使得人类活动轨迹所产生的数据和信息出现爆发式的增长，带来了政府信息处理的超载负荷，冲击了传统政府治理的信息收集、处理和分析机制。与此同时，由于社会逐渐向高度数字化和智能化的方向发展，社会情境和问题也更趋于一种智能化的显示状态，传统具备单一知识体系的单个公共管理者已经难以对复杂的社会问题和社会现象进行精确的分析和处理，传统政府所面临的"认知负荷"也开始显现。

第四章　领导干部数字化能力影响因素理论模型构建

第一节　构建方法与数据收集

一　构建方法

定性研究是一种重要的社会科学研究方法，在情报学、档案学等领域得到广泛应用。扎根理论是通过分析收集到的数据，形成新的理论，而不是依赖于研究者的预设，是定性研究的重要突破。扎根理论分为经典扎根理论学派、程序化扎根理论学派和建构主义扎根理论学派三种研究流派，虽然三者在具体做法上有所差异，但在思想上具有统一性，即跳过研究问题的预设，直接将数据的收集和分析作为一个迭代的过程。本书采用安塞尔姆（Aaseln Strauss）和朱丽叶（Juliet Corbin）的程序式扎根理论编码步骤，以提高操作性。

本书旨在探究领导干部的数字素养影响因素，扎根理论作为行为研究中的重要研究方法，与本书的研究目标相符，因此本书采用扎根理论作为研究方法，通过深度访谈法收集资料与数据，经过迭代的方式进行编码与分析，最终建立领导干部的数字素养影响因素研究模型，具体模型构建过程如图4-1所示。

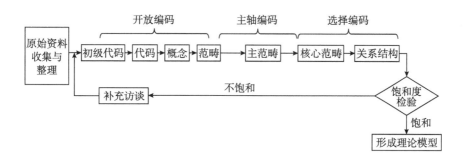

图4-1 扎根理论流程

二 样本选取与数据收集

（一）样本选取

本书主要探究领导干部数字素养影响因素，基于受访者对数字素养目前真实的认知感受对影响因素进行提取，以《中华人民共和国领导干部法》为依据，选取主要在省、市、县三级政府单位或政府派出机构任职，具有丰富工作经验的领导干部作为访谈对象。这些领导干部面向广大群众，访谈资料收集可行性较高，且能够根据研究结果提供有价值的建议以提升领导干部数字素养水平，推进数字中国建设。通过筛选，共确定访谈对象 30 人，收集到 26 份访谈资料，首先对 26 份访谈资料进行三级编码分析，留存 4 份访谈资料作为理论饱和度的检验。

（二）访谈过程及资料收集

本书在分析现有数字素养相关文献与政策等内容的基础上，结合数字素养全球框架（DLGF）设置访谈问题（详见附录一），对领导干部进行半结构化访谈，通过面对面或在线等方式与领导干部进行交流，主要围绕访谈大纲的问题进行引导和追问，了解领导干部对数字素养的看法、态度以及相关工作经历与培训等信息。将最终的访谈结果导入 Nvivo12 软件进行编码分析，提炼领导干部数字素养的具体影响因素。在完成 26 个访谈对象的工作之后，初级编码中不再明显出现新的基本概念，访谈工作延续到完成第 30 个对象才最终结束。受访者社会人口特征，如表 4-1 所示。

表 4-1　　　　　　　　访谈对象情况表

人口统计特征		人数	百分比（%）
性别	男性	20	66.66
	女性	10	33.33
年龄	30 周岁及以下	2	6.66
	30—40 周岁	10	33.33
	40—50 周岁	12	40.00
	50—60 周岁	6	20.00

续表

人口统计特征		人数	百分比（%）
学历	大专及以下	3	10.00
	大学本科	14	46.66
	研究生及以上	13	43.33
职级	副处级及以下	11	36.66
	正处级	13	43.33
	副厅级	6	20.00
工作单位	党政机关	14	46.66
	事业单位（含高校）	7	23.33
	国有企业	4	13.33
	群团组织	5	16.66

本书的访谈时间跨度为 2023 年 10 月至 2023 年 12 月，每名受访者接受的访谈时间长度都在 20 分钟以上。由于地区跨度较大，采用线上线下相结合的访谈方式。其中，为保障线下访谈资料的准确性，选取政府工作人员志愿服务休息区、乡镇党政机关出入口休息区、相关社区休息区、相关村社休息区等直接接触领导干部区域作为访谈地点。所选访谈对象的群体差异性较大，可被视为有效信息来源，符合信息饱和法中的最大差异规则，即通过获取来自不同身份的信息来达到更全面的信息覆盖。在正式进行访谈之前，向受访者解释数字素养的含义，以确保他们理解本次访谈的主题。在访谈过程中，采用投射技术来了解受访者身边人对数字素养的看法，避免直接询问受访者自身看法，以提高回答的准确性，同时减少社会期望对访谈内

容真实性的影响。为了更好地记录访谈内容，经受访者同意，使用讯飞听写进行录音。如果有访谈对象对录音有所顾虑，则采用关键词记录对话内容，并在访谈结束后尽可能详细地记录访谈备忘录，以方便后续概念化提取。为保证访谈内容的完整性与访谈资料的充分性，每次访谈的时间不少于半小时。在访谈期间，充分挖掘每一位被访谈者对访谈问题的认识与理解。

以往学者的研究显示，人们对某技术或技能的熟悉度会影响他们的刻板印象。因此，本书将没有接受过数字素养培训的受访者归类为对数字素养熟悉度低的群体，将接受过数字素养培训的群体归类为对数字素养熟悉度较高的群体，以排除熟悉度对研究结论的干扰。除此之外，对那些自身或其家属正在从事或从事过领导干部工作的受访对象，尝试另做一些补充分析，由此避免内、外群体效应对研究结果的干扰。

第二节　访谈资料的编码过程

本书运用程序式扎根理论对深度访谈所得到的访谈资料进行开放编码、主轴性编码和选择性编码。由于本书是一项探索性研究，资料收集和分析同时进行。在进行持续分析和比较后，当不再出现新的概念和关系时，停止数据收集并形成新的理论模型。

一　开放性编码分析

编码是对原始资料进行重要的分析过程，通过编码将数据收集与理论构建联系起来。编码的基本原则是持续比较资料，提取主题（themes）并建立范畴（categories）。开放性编码的目的是识别现象、定义概念并发现范畴。在开放性编码阶段，根据访谈资料整理出概念化的内容，再将概念化的内容进一步凝练出初始范畴，由于访谈资料语句较多，采用表格列举的方式体现编码过程，如表4-2所示。

表 4-2　　　　　　　　　　　　开放性编码表

编码	对应范畴	初始概念
A1	信息搜寻与储存	A11 知识层面：知道一些常用的搜索引擎；知道与自己工作领域或生活相关的公众平台（微信公众号等）和其他多种媒体资源；熟悉使用互联网信息搜索所需信息的方法；能够使用搜索引擎准确快速地找到所需信息，并且会灵活运用多种存储媒介。 A12 技能层面：可以使用数字工具对信息进行科学有效的管理（如电子邮件、多媒体软件等满足自身工作和生活中的信息管理需求）；能够熟练运用数字工具对工作进行改进。 A13 态度层面：积极查找工作相关信息；具备重要文件备份意识。
A2	信息评价	A21 知识层面：知道对所获政策文件等信息进行认真解读分析，以确保真实性和准确度；知道对所获信息进行正确处理和评判；评判时结合多种因素，避免带入主观因素；知道将线上线下信息源结合；知道将信息转化为工作工具。 A22 技能层面：能够对所获信息进行梳理；能够合理利用数字平台推送的信息；能够对信息的合理性、适用性等进行评价；能够在专业网站（国务院官网等）查看政策文件；处理工作结合经验，认识到数字资源的有限性。 A23 态度层面：对所搜索到的信息保持怀疑态度；了解数字化沟通的恰当方式。

编码	对应范畴	初始概念
A3	技术互动	A31 知识层面：进行交流时尽可能考虑到对方的需求；意识到交流信息的价值。 A32 技能层面：能够使用数字工具（如互联网）进行交流。 A33 态度层面：能够用积极的态度进行互动。
A4	数据共享	A41 知识层面：了解政府开放数据的内容和价值；了解政府数据开放共享的不同形式。 A42 技能层面：能够通过数字方式与他人分享资源；能够将新数字资源整合到现有知识和工作体系中。 A43 态度层面：能够支持政府的数据开放共享；能够积极主动地与他人分享资源。
A5	协同办公	A51 知识层面：熟悉网上办公的流程与方法；知道网上办公对政府与群众的积极意义；了解并熟悉数字化渠道进行协作的方式并且能够准确找到合适的方式进行协作。 A52 技能层面：能够通过网络等数字工具了解民众需求；能够熟练使用网络等数字工具；能够通过数字工具为公众或企业提供服务；具有良好的网络沟通能力；能够解决网上办公出现的一些网络问题；能够通过数字工具进行内部或外部交流。 A53 态度层面：对网上办公应保持积极态度；具备借助网上办公改进工作效能的意识；意识到数字技术对公民的影响。
A6	舆论引导	A61 知识层面：熟悉如何通过网络等数字工具发表观点与态度。 A62 技能层面：能够通过网络等数字技术发表观点态度并且积极引导舆论。 A63 态度层面：对于舆论的引导持积极态度。
A7	数据安全	A71 知识层面：有重要数据保密与备份意识；认识到保护隐私的责任与方法；知道在网络环境中要进行的恰当的行为。 A72 技能层面：经常检查工作电脑的安全系统并能够使用方法来保护自己的数字设备；能够检测针对个人数据和设备的网络威胁，并使用适当的安全策略的能力；能够安全地访问、使用和管理数据；掌握隐私保护的方法，避免重要数据泄露，确保他人隐私和工作秘密受到保护；能够对数据进行备份。 A73 态度层面：尊重和保护自己与他人的隐私；积极对重要数据进行保护。

编码	对应范畴	初始概念
A8	数字学习	A81 知识层面：了解通过数字化平台或工具学习的途径与方法。 A82 技能层面：能够利用数字化工具进行学习，提高自身数字化能力和素质。 A83 态度层面：保持终身学习的态度。

第三节　主轴性编码分析

虽然开放式编码形成了研究相关的概念和范畴，但这些范畴间的关联尚不明晰。主轴编码则是进一步挖掘范畴的特征，实现聚类、归并、精炼、区分的过程，并依据因果、结构、时序、功能等典型关系，升华提炼出能够统合不同范畴间关系的主范畴，进而将分散的数据资料连接为连贯的整体。在主轴编码阶段同样不能脱离实际文本资料进行主观臆测，范畴间所建立起来的关联应当符合事件或现象本初的客观状态。据此，本书基于开放式编码阶段所生成的概念与范畴，结合实际资料准确分析、把握各范畴间的关联性，重新组合凝练，共生成"数字信息""数字交流""数字协同""数字学习""数字伦理""数字安全"6 个主范畴，如表 4-3 所示。

表 4-3   主轴性编码表

编码	主范畴	对应范畴	关系内涵
B1	数字信息	B11 信息搜寻与储存	领导干部在数字时代的工作中首要面临和处理的是信息搜寻与储存以及信息评价，领导干部对数字信息的处理与评价将会影响到领导干部的数字化能力
		B12 信息评价	
B2	数字交流	B21 技术互动	领导干部在数字时代的工作手段主要是如何进行数字技术互动，尤其是推进数字政府数据共享，进而与服务对象进行良好的数字交流，都会影响到领导干部的数字化能力
		B22 数据共享	
B3	数字协同	B31 协同办公	领导干部能够运用数字化软件和 App 进行协同办公，且针对网络舆情给予正确评价与引导
		B32 数据协同	
B4	数字学习	B41 培训学习	领导干部不断学习接受培训数字应用软件
		B42 全民教育	领导干部开展数字化教育
B5	数字伦理	B51 内容创建	领导干部对数字内容的撰写
		B52 舆论引导	领导干部对于网上数字信息的引导作用
		B53 道德规范	领导干部自觉规范各项上网行为
B6	数字安全	B61 数字平台	领导干部能够根据不同数字平台完成办公
		B62 数字产品	领导干部能够尊重知识产权，正确使用数字产品
		B63 数字隐私	领导干部能够做好个人信息和隐私数据管理
		B64 网络环境	领导干部能够利用网络传播正能量

主范畴数字信息对应范畴反映的是领导干部受信息搜寻与储存以及信息评价行为将对领导干部数字化能力产生影响。在原始访谈资料中的典型语句为："其实像文件都算是数据的一部分，我理解的数据不是说狭义上的数字数据，而是像文件，包括内部流转的文件，包括外部发文的文件都是数据，目前的情况是每天都在接触，而且主要工作每天都需要面临着大量的数据，这

时候就需要根据自己的工作需求来收集相关数据了。""我们是会有专门人员整理档案文件，这样对于一些重要文件是会有保存好的，平时我们自己工作中的数据信息也会注意备份存档。"

主范畴数字交流对应范畴反映的是领导干部在数字时代的工作手段主要是如何进行数字技术互动，尤其是推进数字政府数据共享，进而与服务对象进行良好的数字交流，都会影响到领导干部的数字化能力。在原始访谈资料中的典型语句为："一些社会热点问题的解读我经常收看，尤其是新闻，像是相关数字发表或者不同政府部门的视频宣传等，这些和我们年轻人相关的热点话题。""关注国家大事，政府网站，人民日报等这些官方网站，微信公众号里的人民日报每天提供语音播报，很方便了解一些信息。""对于一些文件内容，除了有明确的保密协议外，也需要我们自己有较高的政治敏感度，感知信息的保密程度，当然，这是基本的办公素质了。"

主范畴数字协同对应范畴反映的是领导干部能够运用数字化软件和 App 进行协同办公。在原始访谈资料中的典型语句为："我们有自己专门的办公系统，在岗前也都有专门的培训学习相关办公软件，但是一些办公软件的使用都是基本素养。""工作中，在面对一些数字技术资源使用遇到一些困难与挑战的时候，我都坚信自己可以通过学习解决问题。"

主范畴数字安全对应范畴反映的是领导干部能够做好个人信息和隐私数据管理，能够利用网络传播正能量。在原始访谈资料中的典型语句为："应该就是一些比较简单的办公工具吧，像打印走访家庭人员名单时需要会使用打印机、excel 表啊，每天都要面对很多信息表格之类的。""我们都是在工作岗位任命之前有岗前培训，有数据安全的一些普及性培训。""面对的受众不同啊，信息安全是基本的，一旦信息丢失，就是很麻烦的事情。""一般我们的办公软件都是高度保密的，对于数据的安全度，保密性要求十分高，所以电脑上都是有防病毒软件的。""有些事情可以公布、公开，有些事情是需要保密，为了保护他们的隐私，也为了不引起不必要的社会舆论，服务不同群众公开的信息当时也是不同的。"

主范畴数字学习对应范畴反映的是领导干部不断学习接受培训数字应用软件。在原始访谈资料中的典型语句为："你刚才这个问题里面说到了有六七个概念，像大数据、云计算、区块链这些概念是相对了解了，但是像剩下的三个概念，听过去之后就没有印象的，是不了解的。""数字素养从字面意思来讲的话，应该是形容国家公务人员，包括体制内公务人员，事业单位公务人员、工作人员，对数字平台、数字办公、政务一体化办公平台的一个使用的能力，包括认识上的一个综合的素质，这是我个人的理解。""线上有网络教育学院，需要看视频课，需要考试考核，线下也会组织相关的职能部门过来培训，讲一些关于保密关于数据安全的一些法律法规和个人需要遵守的规定。""组织培训周期一般是一周，十天半个月都有，主要还是岗前培训，相对来说在推进数字化办公电子政务的过程中，培训的体系还不够健全，还不够成熟完善。"

主范畴数字伦理对应范畴反映的是领导干部对于网上数字信息的引导作用和领导干部自觉规范各项上网行为的约束。在原始访谈资料中的典型语句为："作为国家公职人员，依法上网当然是基本要求，像现在比较流行的 ChatGPT，我们会去了解他的基本工作原理。""我们的服务群体是人民群众，比如我所在的岗位是直接针对用户信息使用规范的，在互联网时代，所有的信息都是透明的"。

第四节　选择性编码分析

选择性编码是通过整合与凝练创建出一条明确的故事线，并在此基础上以关系结构的形式将行为或现象构建发展出一个新的理论框架的过程。选择性编码所得到的核心范畴是该方法的最高层次，在选择性编码过程中将主范畴进行进一步的分类和整合，剔除掉不重要的范畴。通过对核心范畴和主范畴的分析，把握其内部脉络，形成新的理论架构。扎根理论的核心范畴是该理论框架中最重要、最基础的范畴。设置扎根理论的核心范畴需要考虑其包容性、本质性、实用性和可操作性等多个原则。

包容性原则，核心范畴应该能够涵盖尽可能多的相关概念和现象，并能够与其他范畴相互联系；本质性原则，核心范畴应该是该理论框架的本质和核心所在，能够在分析和解决实际问题时发挥关键作用；实用性原则，核心范畴应该具有实际应用的意义，能够指导和促进社会实践的发展和进步；可操作性原则，核心范畴应该是具有可操作性的，能够被具体地应用于实际的问题分析和解决中。

一 模型构建

在选择性编码过程中，基于原始资料，结合研究主旨，经过分析可以将研究的核心问题范畴化为"领导干部数字能力的影响因素"。个人因素、组织因素和技术因素是影响领导干部数字能力的 3 个因素，其中组织因素和技术因素处于政府层面，个人因素处于个体层面，从而构建出一个作用模型框架，如图 4-2 所示。

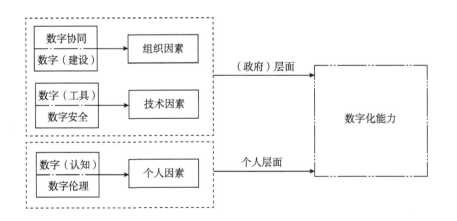

图4-2 领导干部数字化能力影响因素作用模型

二　模型阐释

从组织因素看，可以归纳为数字协同和数字建设。在数字时代，政府要适应并促进自身数字化转型。政府领导对内外部数字环境的敏锐性和适应能力将会为机关工作人员带来示范效应，并在政府层面形成崇尚数字化的文化氛围。在政府工作中，领导地位的特殊性决定了其常常是领导干部在工作场所中最直接的榜样，会对领导干部产生潜移默化的影响。根据社会学习理论，领导干部会在组织情境和互动过程中模仿领导的行为表现。因此，领导态度和氛围是影响领导干部数字能力的因素。数字时代，政府面临的外部环境具有较强的动态性和不可预见性，需要根据环境变化及时调整组织战略规划以适应环境变化的影响。根据生态系统理论，个人的发展是嵌套于相互影响的一系列环境系统中，环境与个体相互作用并影响个人发展。因此，政府应对复杂性的数字环境而采取的内部组织环境的改变会影响领导干部数字能力的形成和发展。政府环境等因素的变化，需要领导干部的理解和支持，这就需要政府采取培训的方式让政府从思想和能力上适应政府的数字化转型步伐，同时培训也可以提高政府在数字环境下适应新技能、新岗位的能力从而缓解替代效应。对人才培养的投资是比物质资本投资更为重要的人力资本投资，也是提升和影响政府工作人员技能的重要途径。

从个人因素看，领导干部个人对数字技术的认识和数字伦理是影响领导干部数字能力形成的重要因素。个人的认知是预测行为方向的重要基础，数字技术具有包容性、开放性和集合性，其对领导干部能力会从以下两个方面产生影响：一是数字技术认识决定了领导干部能力的构成，使不同能力水平的领导干部发生结构性变化；二是由于数字技术具有广泛的包容性和嵌入性，采纳数字技术的领导干部将进一步嵌入到数字技术和数字资源中，通过与其他嵌入数字技术的组织和个人互动而吸收知识，实现彼此之间的资源补偿，以更好地提升并影响自身能力水平。已有研究中，在对教师网络学习采纳行为与教学能力提升之间的关系进行研究时发现，教师在网络学习平台上的采纳行为可以正向影响其教学能力的提升。

从技术因素看，技术因素作为（政府）层面的另一个影响因素，其技术特性和技术资源供应保障在一定程度上会对领导干部数字化能力的形成和提升带来影响。政府在数字化转型过程中，面对大量纷繁复杂的数据信息需要通过数据集成分析实现政府的决策、工作流程等，实现以上这些目标就必须依靠数字化的工具体系。政府依靠领导干部运用数字化的工具、技术等发挥平台的集成运算和分析效用，释放云计算平台的巨大能力，辅助政府管理者作出合理的决策。根据资源保存理论，个体具有努力获取、保持、培育和保护其所珍视的资源的倾向，而且资源会受环境因素的影响并随时间动态变化。能力作为重要的个体特征资源，领导干部一方面会利用自身的数字能力资源来应对技术环境，另一方面也会通过技术环境下数字设备的使用等更新和提升自己的数字能力资源，以便做好资源储备来应对未来新的数字技术环境。

三　理论饱和度检验

理论饱和度是用来验证扎根理论研究结果准确性的方法。当已经没有新的数据可以提供新的理论见解或揭示核心理论类别的新属性时，该理论就被认为已经达到了饱和状态。这意味着理论已经包含了所有相关的信息，不需要进一步添加或修改。本书以深度访谈为基础确定30位受访者为访谈对象，进行初步调查。为检验领导干部的数字化能力影响因素理论模型的理论饱和度，继续深入对5份访谈资料进行开放性编码、主轴性编码、选择性编码，对比上述模型未发现需要补充的概念和范畴，由此表明本书所构建的领导干部数字化能力影响因素理论模型在理论上已经达到了饱和状态。

第五章　领导干部数字素养影响
因素的实证分析

本章主要对影响领导干部数字素养的因素进行实证分析，通过问卷调查获取数据，并利用 SPSS 25 软件对数据进行处理。在此基础上，根据上一章通过扎根理论数据编码提取到的因素作为解释变量，领导干部数字素养作为结果变量，然后进行理论假设检验，最后运用模糊集定性比较分析（fsQCA）方法形成影响路径。

第一节　问卷设计与发放回收

一　问卷的设计

结合文献研究与实际研究对象，并根据扎根理论研究方法分析出的因素、概念、范畴，设计量表的测量题项。最终编制了领导干部的数字素养调查问卷（问卷详见附录2），收集问卷数据进行下一步实证研究。问卷主要分为以下两个部分。

（一）调查对象基本信息

包括领导干部的性别（男、女），年龄（20—30岁、31—40岁、41—50岁、50岁以上），文化程度（大专及以下、本科、硕士及以上），工作年限（5年及以下、6—10年、11—15年、15年以上），工作的类别（综合管理类、专业技术类、行政执法类），职级（科级领导职务、科级非领导职务、科员及以下）。

（二）领导干部数字素养情况

根据上一章所构建的领导干部的数字素养影响因素模型，采用李克特五级量表编制了领导干部数字素养问卷的量表。量表共包含6个维度，30个问题，以领导干部目前认知与实际情况对影响因素进行打分，得分越高表示领导干部认为该影响因素越重要。问卷设置调查对象的基本情况，可以分析出不同年龄、性别、学历、职务、工作类别的领导干部数字素养水平，具有分析价值；采用李克特五级量表编制领导干部数字素养问卷的量表，也更具科学性，有利于被调查者更加客观地做出打分，使得到的数据更加准确。

二　发放与回收

本书的研究对象以各个地级城市的领导干部为主，以问卷调查的形式分发给被调查者，分发的方法有两种：第一种是线上，在问卷星网站编辑问卷内容，生成问卷链接；之后把链接发给各个机关的领导干部，借助填写者的工作关系转发并动员更多的被调查者完成问卷。这样的问卷收集方法既简单又高效，没有时间和空间的约束，可以最大限度地拓宽领导干部参与的范围。第二种是线下收集，将预先印刷好的调查问卷在指定的地方发给被调查者，让领导干部完成调查。以上收集方式的优势在于一次就能收集到足够多的材料，不足是收集到的问卷需要再次进行数据的线上统计工作，过程较为复杂，费时费力。最终向各地领导干部发放了 420 份问卷，回收问卷 402 份，问卷回收率 95.71%。

第二节 问卷质量分析

一 调查问卷的数据处理

本书利用 SPSS 25 软件对收集的数据进行处理，数据录入转换规则如下：评测量表的 5 个维度分别赋予 1 分、2 分、3 分、4 分、5 分。其中，为了保证问卷分析的便捷性，将数字意识、数字知识与技能、数字应用、数字动机与责任、个人发展、领导干部数字素养的问卷题目编号为 A、B、C、D、E、F，题项依次为 A1 至 F6。

二　信度检验

在对领导干部数字素养问卷进行分析之前，需要对问卷及量表进行信效度检验。只有通过信效度检验的问卷才能确保变量测度和数据分析的科学性。本书运用 Cronbach's alpha 信度系数作为信度检验的指标，它是进行信度分析时最常用的指标。该指标可以通过公式 5.1 计算：

$$\alpha = (k/(k-1)) * (1 - (\sum Si^2)/ST^2) \qquad 公式 5.1$$

其中 k 表示量表中题目的总数，Si^2 表示第 i 个题目的得分方差，ST^2 表示全部题目总得分的方差。Cronbach's alpha 系数主要用于评估量表中各题目得分的一致性程度，属于内部一致性系数的范畴。这种方法通常适用于态度、意见型问卷或量表的信度分析。一般来说，量表的信度系数应该在 0.8 以上，0.7 到 0.8 之间也是可以接受的。如果 Cronbach's alpha 系数低于 0.6，就需要考虑重新编制问卷了。

本书中，领导干部的数字素养影响因素量表的各维度的 Cronbach's alpha 结果从表 5-1 可知，本书所设计的 6 个维度所对应的 Cronbach's alpha 值分别为 0.843、0.927、0.965、0.922、0.973 和 0.934，均大于 0.8，表明问卷各维度的内部一致性较好，所以本次调查的结果信度极好，可以用于之后的研究。

表 5-1 问卷信度检验

维度	项数	校正项总计相关性	项已删除的 a 系	Cronbach's alpha 系数
数字意识	A1	0.702	0.912	0.843
	A2	0.880	0.846	
	A3	0.985	0.939	
数字知识与技能	B1	0.823	0.829	0.927
	B2	0.875	0.787	
	B3	0.742	0.861	
	B4	0.871	0.928	
	B5	0.913	0.723	
	B6	0.835	0.864	
	B7	0.943	0.935	
	B8	0.829	0.852	
数字应用	C1	0.985	0.871	0.965
	C2	0.823	0.913	
	C3	0.875	0.835	
	C4	0.723	0.943	
数字动机与责任	D1	0.821	0.829	0.922
	D2	0.787	0.815	
	D3	0.861	0.928	
	D4	0.828	0.723	
	D5	0.723	0.864	
个人发展	E1	0.864	0.935	0.973
	E2	0.835	0.870	
	E3	0.862	0.871	
	E4	0.934	0.903	

续表

维度	项数	校正项总计相关性	项已删除的 a 系	Cronbach's alpha 系数
数字素养	F1	0.875	0.835	0.934
	F2	0.852	0.933	
	F3	0.774	0.829	
	F4	0.913	0.880	
	F5	0.935	0.833	
	F6	0.840	0.757	

三　效度检验

在社会科学研究中，因子分析是一种非常有用的效度分析方法。它通过对具体指标进行评估，识别出隐藏在这些指标背后的抽象因素。因子分析的主要目的是用少数几个因子来解释多个观测变量之间的关系。这些观测变量都是可以被观测到的随机变量，而因子是无法直接观测到的潜在变量。因子分析的基本思想是根据变量之间的相关性程度，将它们分组并归因于一个公共因子。这种方法可以帮助我们理解多个变量之间的关系，并在模型构建和数据分析中提供有用的参考。因子分析可以分为两类，一类为探索性因子分析（EFA），另一类是验证性因子分析（CFA）。

（1）探索性因子分析。探索性因子分析在进行因子分析前，需要通过 KMO 检验和 Bartlett 球形度检验来确定所设计的相关变量指标是否满足因子分析的条件。一般来说，KMO 值大于

0.7 表示可以进行因子分析。接着，采用主成分分析法，对原有指标提取公因子。若所有特征值大于 1 的公因子的累计方差解释率超过 60%，则可以认为问卷数据具有较好的结构效度。最后，采用最大方差转轴法进行正交旋转，得到包含各题项因子载荷值的旋转成分矩阵以辨认和命名共同因子。若某个题项在对应的公因子上的因子载荷大于 0.5，并且没有任何一个题项在两个及以上的公因子载荷都大于 0.4，则是最为理想的情况；反之，则需要考虑删除相应的题项。

表 5-2　　　　　　　　　　KMO 和 Bartlett 的检验

KMO 值		0.944
Bartlett 球形度检验	近似卡方	9387.412
	DF	419
	P 值	0.000

从表 5-2 可以看出：KMO 为 0.944，大于 0.7，满足因子分析的前提要求，意味着数据可用于因子分析研究。以及数据通过 Bartlett 球形度检验（p<0.05），说明本次研究数据适合进行因子分析。

表 5-3　　　　　　　　　　方差解释率

因子编号	特征根			旋转前方差解释率			旋转后方差解释率		
	特征根	方差解释率（%）	累积（%）	特征根	方差解释率（%）	累积（%）	特征根	方差解释率（%）	累积（%）
1	12.543	44.155	43.302	12.543	44.155	43.302	7.066	23.671	23.671

续表

因子编号	特征根			旋转前方差解释率			旋转后方差解释率		
	特征根	方差解释率（%）	累积（%）	特征根	方差解释率（%）	累积（%）	特征根	方差解释率（%）	累积（%）
2	2.612	9.857	54.201	3.436	10.473	52.428	3.476	14.082	32.811
3	2.191	8.564	69.593	2.358	8.328	66.342	3.278	11.233	45.630
4	1.847	8.433	69.403	1.673	6.362	73.232	2.463	12.498	52.392
5	1.663	7.676	78.394	1.521	4.361	72.377	3.351	10.639	67.541
6	1.209	4.221	74.041	1.313	2.116	78.332	2.116	9.039	73.222
7	0.476	4.531	75.932	…	…	…	…	…	…
8	0.378	1.878	78.983	…	…	…	…	…	…
9	0.363	1.532	80.120	…	…	…	…	…	…
10	0.321	1.376	81.087	…	…	…	…	…	…
11	0.316	1.114	82.034	…	…	…	…	…	…
12	0.272	1.122	82.942	…	…	…	…	…	…
13	0.232	1.053	83.853	…	…	…	…	…	…
14	0.191	0.937	83.439	…	…	…	…	…	…
15	0.177	0.832	85.231	…	…	…	…	…	…
16	0.134	0.762	84.332	…	…	…	…	…	…
17	0.216	0.581	85.068	…	…	…	…	…	…
18	0.364	0.632	84.037	…	…	…	…	…	…
19	0.121	0.771	85.364	…	…	…	…	…	…
20	0.356	0.832	85.842	…	…	…	…	…	…
21	0.172	0.742	86.853	…	…	…	…	…	…
22	0.232	0.763	88.737	…	…	…	…	…	…
23	0.291	0.681	89.271	…	…	…	…	…	…
24	0.232	0.692	89.423	…	…	…	…	…	…
25	0.291	0.882	90.048	…	…	…	…	…	…

续表

因子编号	特征根			旋转前方差解释率			旋转后方差解释率		
	特征根	方差解释率（%）	累积（%）	特征根	方差解释率（%）	累积（%）	特征根	方差解释率（%）	累积（%）
26	0.167	0.642	91.237	…	…	…	…	…	…
27	0.174	0.733	92.362	…	…	…	…	…	…
28	0.231	0.781	94.842	…	…	…	…	…	…
29	0.185	0.802	97.853	…	…	…	…	…	…
30	0.169	0.431	100.00	…	…	…	…	…	…

从表5-3可知：因子分析一共提取出6个因子，特征根值均大于1，此6个因子旋转后的方差解释率分别是23.671%、14.082%、11.233%、12.498%、10.639%、9.039%，旋转后累积方差解释率为73.222%，大于60%，说明领导干部的数字素养影响因素量表数据的解释程度较好。

表5-4　　　　　　　　旋转后因子载荷系数

名称	因子载荷系数						公因子方差
	因子1	因子2	因子3	因子4	因子5	因子6	
A1	0.213	0.125	0.181	0.104	0.217	0.147	0.859
A2	0.187	0.113	0.123	0.247	0.087	0.113	0.735
A3	0.163	0.134	0.233	0.165	0.263	0.253	0.769
B1	0.628	0.117	0.187	0.077	0.013	0.213	0.831
B2	0.759	0.163	0.143	0.163	0.107	0.187	0.722
B3	0.705	0.182	0.213	0.083	0.103	0.123	0.607

名称	因子载荷系数						公因子方差
	因子1	因子2	因子3	因子4	因子5	因子6	
B4	0.869	0.173	0.147	0.137	0.187	0.117	0.705
B5	0.831	0.217	0.123	0.273	0.265	0.141	0.760
B6	0.726	0.087	0.117	0.273	0.141	0.230	0.735
B7	0.647	0.263	0.157	0.138	0.230	0.253	0.805
B8	0.762	0.013	0.141	0.217	0.136	0.147	0.760
C1	0.204	0.107	0.165	0.804	0.154	0.113	0.845
C2	0.147	0.223	0.133	0.809	0.275	0.232	0.861
C3	0.165	0.145	0.138	0.836	0.162	0.253	0.722
C4	0.173	0.137	0.217	0.841	0.163	0.147	0.709
D1	0.138	0.779	0.103	0.247	0.213	0.113	0.853
D2	0.217	0.805	0.187	0.037	0.187	0.115	0.721
D3	0.173	0.769	0.165	0.243	0.163	0.154	0.617
D4	0.187	0.735	0.013	0.083	0.213	0.275	0.809
D5	0.163	0.141	0.107	0.127	0.187	0.162	0.602
E1	0.213	0.230	0.253	0.253	0.845	0.254	0.829
E2	0.187	0.136	0.145	0.147	0.760	0.141	0.851
E3	0.163	0.154	0.147	0.113	0.835	0.230	0.845
E4	0.213	0.275	0.230	0.253	0.861	0.136	0.760
F1	0.107	0.162	0.859	0.147	0.133	0728	0.835
F2	0.123	0.131	0.702	0.173	0.138	0.729	0.831
F3	0.115	0.108	0.809	0.127	0.217	0.835	0.724
F4	0.107	0.145	0.833	0.155	0.103	0.809	0.869
F5	0.166	0.126	0.721	0.146	0.187	0.837	0.736
F6	0.214	0.231	0.627	0.102	0.241	0.826	0.841

本书数据使用最大方差旋转方法（varimax）进行旋转，以便找出因子和研究项的对应关系。从表 5-4 可知，本次共提取到 6 个因子，且 5 个提取到的因子与研究项的对应关系密切相关，同时各因子对应的测量题项的因子荷载均大于 0.4，表明领导干部的数字素养影响因素量表的结构效度较好，可用于后续的数据分析。

（2）验证性因子分析

首先，通过 SPSS 25 对问卷数据处理之后，再运用 AMOS 23 对其进行 CFA 模型适配度检验合格。在本次研究中，为验证领导干部的数字素养影响因素的测量模型的结构效度、聚合效度和区分效度，本书采用验证性因子分析（CFA）方法构建该测量模型，并运用极大似然估计法来估算模型参数，包括因子负荷、误差方程和（协方差）。模型的拟合优度是评价结构模型合理性的最直接指标，它可以通过一系列的模型拟合指标来评估。本书依据领导干部的数字素养影响因素量表内容构建验证因子分析 CFA 模型。

表 5-5　　　　　　　　　　因子载荷系数

潜变量	测量项	非标准载荷系数	标准误差	Z	P	标准载荷系数	AVE	CR
数字意识	A1	1	—	—	—	0.784	0.761	0.887
	A2	0.875	0.033	18.667	0	0.801		
	A3	0.723	0.033	21.642	0	0.828		

续表

潜变量	测量项	非标准载荷系数	标准误差	Z	P	标准载荷系数	AVE	CR
数字知识与技能	B1	1	—	—	0	0.859	0.833	0.932
	B2	0.759	0.021	23.520	0	0.702		
	B3	0.705	0.031	24.823	0	0.809		
	B4	0.869	0.021	24.162	0	0.833		
	B5	0.831	0.043	23.889	0	0.721		
	B6	0.726	0.043	22.428	0	0.627		
	B7	0.805	0.043	23.335	0	0.729		
	B8	0.760	0.033	24.165	0	0.835		
数字应用	C1	0.845	0.031	24.001	0	0.702	0.771	0.928
	C2	0.760	0.032	23.442	0	0.809		
	C3	0.835	0.033	25.002	0	0.833		
	C4	0.861	0.043	24.604	0	0.721		
数字动机与责任	D1	0.735	0.036	22.034	0	0.835	0.763	0.966
	D2	0.787	0.035	22.157	0	0.833		
	D3	0.771	0.043	22.632	0	0.829		
	D4	0.703	0.038	23.648	0	0.784		
	D5	0.763	0.042	23.158	0	0.833		
个人发展	E1	0.821	0.041	22.128	0	0.859	0.696	0.933
	E2	0.687	0.035	23.435	0	0.622		
	E3	0.761	0.036	24.167	0	0.819		
	E4	0.825	0.043	24.051	0	0.751		
数字素养	F1	0.723	0.037	22.177	0	0.845	0.833	0.927
	F2	0.835	0.038	22.832	0	0.761		
	F3	0.876	0.042	23.142	0	0.835		
	F4	0.771	0.039	23.742	0	0.851		

潜变量	测量项	非标准载荷系数	标准误差	Z	P	标准载荷系数	AVE	CR
数字素养	F5	0.943	0.042	25.332	0	0.724	0.833	0.927
	F6	0.887	0.038	24.524	0	0.869		

从表 5-5 可知，针对测量关系来看：标准化载荷系数绝对值均大于 0.6 且呈现出显著性，意味着有着较好的测量关系。此外，共 6 个因子对应的 AVE 值全部大于 0.5，且 CR 值全部高于 0.7，意味着本次领导干部的数字素养影响因素量表分析数据具有良好的聚合（收敛）效度。

从表 5-6 可知，针对区分效度进行分析，数字意识的 AVE 平方根值为 0.780，大于因子间相关系数绝对值的最大值 0.667，数字知识和技能的 AVE 平方根值为 0.762，大于因子间相关系数绝对值的最大值 0.576，数字应用的 AVE 平方根值为 0.821，大于因子间相关系数绝对值的最大值 0.581，数字动机与责任的 AVE 平方根值为 0.833，大于因子间相关系数绝对值的最大值 0.655 个人发展的 AVE 平方根值为 0.868，大于因子间相关系数绝对值的最大值 0.521，领导干部数字素养的 AVE 平方根值为 0.819，大于因子间相关系数绝对值的最大值 0.576，这意味着领导干部的数字素养影响因素变量具有良好的区分效度。

表 5-6　　　　　区分效度：Pearson 相关与 AVE 平方根值

	数字意识	数字知识与技能	数字应用	数字动机与责任	个人发展	领导干部数字素养
数字意识	0.780					
数字知识与技能	0.533	0.762				
数字应用	0.486	0.434	0.821			
数字动机与责任	0.333	0.336	0.411	0.833		
个人发展	0.264	0.453	0.355	0.406	0.868	
领导干部数字素养	0.667	0.576	0.581	0.655	0.521	0.819

注：斜对角线数字为 AVE 平方根值。

根据模型拟合指标的评判标准，由表 5-7 可知，在本书的验证性因子分析模型中，x^2/df、GFI、RMSEA、RMR、CFI、TLI、AGFI、IFI 等大部分模型适配度指标均符合标准，故模型适配度很好。

表 5-7　　　　　　　　模型拟合指标

常用指标	x^2/df	GFI	RMSEA	RMR	NFI	CFI	TLI	AGFI	IFI
判断标准	<3	>0.9	<0.10	<0.05	>0.9	>0.9	>0.9	>0.9	>0.9
值	1.445	0.94	0.026	0.006	0.886	0.960	0.945	0.907	0.983

第三节　影响因素分析

通过上述理论分析，影响领导干部数字化能力的因素既包括个体因素也包括组织因素和技术因素，因此影响领导干部数字化能力的路径无法从单一层面来解释。而组态构型恰恰可以很好地从整体性上来给予解释。为此，基于组态思维和理论分析结果，提出如下假设。

假设1：领导干部数字化能力受到个体、组织和技术因素的共同影响。

假设2：个体、组织和技术因素对领导干部数字化能力有多条的影响路径。

一 变量赋值与校准

通过扎根理论的数据编码提取技术接受、文化程度、组织支持、政府理念、技术特征、基础保障作为解释变量，领导干部数字化能力作为结果变量。对变量校准需要赋值设置锚点，锚点的设定应尽可能基于理论与经验知识，以使校准后的隶属度与大众对该变量的心理感知相一致。由于访谈对象及其所在企业所处地域不同，各解释变量尚没有普遍被认可的评判条件，缺乏统一的标准。因此，根据里豪克斯等的建议，参考林艳等的做法，根据访谈对象在访谈过程中基于所在企业实际情况和真实感受的判定，采用完全不隶属、偏不隶属、偏隶属和完全隶属的四分值法对各解释变量进行赋值；对结果变量领导干部数字化能力，根据工作中是否具备及实际运用程度可进行三分值法进行赋值，具体赋值标准如表5-8所示。

表 5-8 **变量赋值标准**

分类	因素	赋值标准
解释变量	技术接受（JJ） 文化程度（WH） 组织支持（ZZ） 政府理念（ZL） 技术特征（JT） 基础保障（JB）	当解释变量各因素对领导干部数字能力没有影响或影响程度极低时，赋值为 0；当影响程度较低时，赋值为 0.33；当有一定的影响时，赋值为 0.67；当影响程度较高时，赋值为 1.00。
结果变量	领导干部 数字化能力	领导干部具备数字能力或提高明显，能够完全胜任数字场景下的工作任务时，赋值为 1.0；当领导干部具备一定数字能力或提升空间，可以部分胜任数字场景下工作任务时，赋值为 0.5；领导干部不具备数字能力，无法胜任数字场景下的工作任务时，赋值为 0。

二　单变量必要性分析

根据 QCA 方法的要求，为了确保所有的解释变量均为引起结果变量的原因，要对变量进行必要性检验，以判断单个解释变量和结果变量之间是否存在必要性关系，通过一致性（consistency）来判断。一般认为一致性大于 0.9 时，该解释变量是结果变量的必要条件，也就是说当结果变量发生时一定存在该解释变量。运用 fsQCA3.0 软件对单个解释变量之间是否构成必要或充分性条件进行分析。为了确保稳健性，同时对单个解释变量缺失时（变量前带有▲）对结果的影响进行了分析。分析结果显示，6 项单一解释变量的一致性指标在 0.278—0.872 之间，均低于 0.9，表明各单一解释变量不构成结果变量的必要条件，即单一解释变量无法解释结果变量，即假设 1 得到了验证。分析结果也进一步说明了在政府实际工作过程中，影响领导干部数字化能力是一个复杂的系统过程，需要多个因素协调联动才有可能影响到领导干部数字化能力的形成和提升。

三 组态分析

经过单因素必要性分析检验后发现，单一的解释变量无法解释领导干部数字化能力结果变量，需要对多个解释变量的组合进行分析，即组态分析。组态分析用于多个条件构成的不同组态引致结果产生的充分性分析。按照模糊集定性比较分析的步骤，对真值表通过 fsQCA3.0 软件的 Standard Analyses 工具进行标准分析后，可以得到简约解（parsimonious solution）、复杂解（complex solution）和中间解（intermediate solution）。根据里豪克斯等的研究，简约解是借助于逻辑余项导出的最小公式，但他们并没有对逻辑余项的合理性作出任何评估；复杂解是没有借助任何逻辑余项导出的最小公式；中间解介于复杂解和简约解之间，是借助于研究者的理论与实质性知识一致的逻辑余项而导出的最小公式。相比于复杂解和简约解，中间解相对更能说明问题，因此采用中间解进行分析。如表 5-9 所示，使用"✖"表示核心条件存在，使用"●"表示辅助条件存在，使用"▲"表示条件缺失，"—"表示该条件是否存在均对结果无影响。

表 5-9　领导干部数字化能力主要影响因素的组态分析结果

条件变量	组态结果					
	1	2	3	4	5	6
技术接受（JJ）	✖	✖	✖	✖	—	▲
文化程度（WH）	✖	—	—	✖	✖	▲
组织支持（ZZ）	—	✖	▲	✖	✖	▲
政府理念（ZL）	●	—	✖	✖	✖	▲
技术特征（JT）	●	✖	●	—	✖	▲
基础保障（JB）	—	✖	▲	✖	✖	✖
Raw coverage	0.736	0.706	0.232	0.612	0.612	0.056
Unique coverage	0.048	0.026	0.007	0.008	0.007	0.012
consistency	0.887	0.826	0.792	0.814	0.932	0.916
Solution coverage	0.827					
Solution consistency	0.869					

组态分析结果显示，条件变量组合共形成 6 条影响路径，其一致性均大于 0.8，说明所有项都是影响领导干部数字化能力形成的充分条件；整体一致性为 0.852，进一步说明了 6 条影响路径为影响领导干部数字化能力形成的充分条件；解的整体覆盖率为 0.815，表明在案例中近 82% 解释了影响领导干部数字化能力形成的原因。结合分析结果，将上述 6 条路径归为以下四种类型：

（1）内在驱动型路径。包括组态 1 （JJ * WH * ZL * JT）。该路径的核心条件是技术采纳和教育程度，涵盖了个体全部条件；辅助条件是组织理念和技术特性，包括了一部分的组织和技术因素。表明只要工作人员具有较高的技术采纳愿望、愿意实施采纳行为、接受较高的教育程度，借助政府具有一定的数字化战略理念并确保技术上的先进性，哪怕政府在组织支持和技术设备保障上不是很完美，也会借助自身良好的人力资本储备和外部因素来影响自身数字能力提升。这在一定程度上是基于自我驱动。受到该路径影响的领导干部表现为整体素质都较高，具备良好的技术采纳意愿并实施采纳行为，表明政府具有较好的工作人员队伍，将有利于政府的数字化转型和改革发展，一般表现为知识技术密集型、制造型等政府，正在启动或已开展数字化转型工作。

（2）整体协同型路径。包括组态 2（JJ＊ZZ＊JT＊JB）、组态 4（JJ＊WH＊ZZ＊ZL＊JB）和组态 5（WH＊ZZ＊ZL＊JT＊JB）。该 3 条路径均涵盖个体因素、组织因素和技术因素。组态 2 表明个人愿意接受技术应用，政府对数字技术应用给予支持、愿意加大研发费用并对工作人员进行培训，而且政府数字技术能力和平台设备比较精良，那么无论工作人员是否具有较高的学历，政府都可以通过培养、提供先进技术设备等措施，不间断地促进工作人员形成并提升数字化能力。组态 4 表明无论数字技术的应用是否复杂，只要工作人员个人受过良好的教育并愿意接受技术应用，政府提供全方位的支持、为工作人员配备先进的数字技术设备，那么工作人员会在现实工作中通过运用数字技术设备来促进自身数字化能力的养成，这也符合"7-2-1"

学习法则，即人的学习和能力提升 70% 来自工作实践和经验。组态 5 表明无论个人是否具有技术采纳愿望和行为，只要个人具有较高的教育程度，组织和技术条件同时具备，在这样的外部环境综合作用下也会促进工作人员数字化能力的形成。究其原因在于，工作人员个人具备较高的教育程度，一般来说，较高的教育程度可以反映具有良好的学习能力，工作人员会基于外部环境作用和个人良好的学习能力来促进自身数字化能力的养成和提升。因此，这 3 条路径表明个体因素、组织因素和技术因素需要全面协同发挥作用来影响工作人员数字化能力的形成。受到该路径影响的政府对外表现为综合能力比较强，体现在具有工作人员整体队伍素质较高，有良好的政府内部软硬件环境并且重视数字化技术应用，一般表现为互联网行业内的领军型政府。

（3）环境影响型路径。包括组态 3（JJ * ZZ * ZL * JT * JB）。该路径表明工作人员个人愿意接受数字技术并应用，政府具备运用数字化技术的理念和战略愿景、采用一定的数字技术并结合经营管理需要进行信息技术系统的研发，但更多地表现为"口号喊得响"，缺乏真正意义上的支持，且数字信息技术等也仅仅能满足日常工作。在这种组合条件下，虽然会在一定程度上有助于正向影响领导干部的数字化能力，但在整体上的影响效果有限。分析结果表明这一路径仅能解释 19% 的影响领导干部数字化能力形成的案例，这类政府一般表现为传统型的政府，在思想意识上已开始重视推进政府数字化，但整体上动力还不足。

（4）技术驱动型路径。包括组态 6（JJ * WH * ZZ * ZL * JT * JB）。该路径表明只要政府为工作人员工作提供了数字技术设备平台保障，即使缺乏工作人员个人和组织方面的因素条件，单纯依靠技术保障和驱动也会影响领导干部数字化能力的形成，但这种影响过程可能是漫长的。这种条件组合在现实中较少，分析结果也表明仅能解释 7% 左右的案例，单纯依靠技术保障驱动型的政府一般表现为服务业中的灵活性小微型政府或服务型政府所属地级市以下的分支机构。

综上所述，基于影响领导干部数字化能力形成的前因条件，经过模糊集定性比较分析（fsQCA）方法共形成了 6 条影响路径，即假设 2 得到了验证。虽然领导干部的数字化能力形成受到多因素影响，但在不同条件组态下的因素作用程度是不同的。在 6 条影响路径中，组态 1、组态 2、组态 4 和组态 5 的覆盖率都在 60% 以上，表明这 4 个组态各自可以解释超过 60% 的案例，可归纳为自我驱动型和全面协同型路径；而其他两条路径的覆盖率低于 20%，虽然环境影响型和技术驱动型可以影响领导干部的数字化能力，但作用将远远弱于前者。因此，一方面，政府在数字经济时代背景下要努力促进领导干部提升数字化能力，应首要立足于工作人员自我驱动或有效发挥个人、组织和技术因素的协调整合作用；另一方面，政府也要结合自身的实际情况，客观地对自己的工作人员队伍、组织和技术因素现状进行分析评价，寻找到适合自己的路径，以有效促进工作人员数字化能力的形成，从而为政府更好地适应时代变化发展要求奠定人员能力基础。

第四节　本章小结

一　研究结论

第一，发现了影响领导干部数字能力的因素包括个人因素、组织因素和技术因素，其中组织因素和技术因素属于组织层次变量，个人因素属于个人层次变量。个人因素包括个人对数字技术的采纳愿望和采纳行为；组织因素包括组织支持和组织理念；技术因素包括技术特性和技术保障。第二，揭示了影响领导干部数字化能力的路径包括内在驱动型、整体协同型、环境影响型和技术驱动型四种类型：内在驱动型主要表现为政府有一定的数字技术基础，领导干部具有较高的整体素质、良好的技术采纳意愿并实施采纳行为；整体协同型主要表现为政府对外综合能力比较强，领导干部整体队伍素质较高，有良好的政府内部软硬件环境并且重视数字化技术应用；环境影响型主要表现为传统型政府在思想意识上开始重视数字化，但整体上动力还不足；技术驱动型主要单纯依靠政府自身较好的技术设备能力，一般表现为服务业中的灵活性小微型政府或服务型政府所属地级市以下的分支机构。其中，内在驱动型和整体协同型两条路径对领导干部数字能力的影响作用要远远大于环境影响型和技术驱动型。这进一步表明在管理实践中，领导干部数字能力是多种因素共同影响的结果。

二 意义与启示

（一）理论意义

当个体处在一个复杂的环境系统当中，基于能力与环境压力，会受到外部环境多因素的影响而作出相应的能力调整。数字能力作为数字时代背景下人们的一种新兴能力，目前国内外对其研究尚处于初步探索阶段，已有相关研究普遍关注单因素并采用回归分析等方法开展研究，忽略了多因素对结果变量的联合作用，而且涉及领导干部数字能力的影响因素的研究更是匮乏。而本书综合运用定性和定量研究相结合的优势，利用组态分析复杂因素之间的因果关系，更加准确揭示了领导干部数字能力影响因素的复杂因果关系，为未来进一步深化数字能力研究提供了新的视角参考。

（二）管理启示

首先，政府要坚定不移地增强数字化转型意识，补齐技术短板，加快自身数字化转型。随着大数据、人工智能、区块链等技术的加速创新，数字技术正以新理念、新业态、新模式全面融入经济、政治、文化、社会、生态文明建设各领域和全过程。政府需要关注宏观背景下的技术成熟度、自身所处行业数字技术应用情况，尽早转变思想认识，增强对政府数字化转型工作必要性和重要性的认识，积极转变过往的传统经营管理模式。政府管理层应树立清晰的数字战略目标，制订数字化转型行动计划，培育各级管理人员应用数字技术的意识，主动进行组织变革，对内部领导干部进行有针对性的培训，帮助领导干部更快、更有效率地实现技能转变；鼓励在政府生产、经营、管理的各个环节融入数字技术，着力提升关键软硬件技术水平，为领导干部工作提供完备的数字技术装备以适应数字化转型需要，从而为培养领导干部数字能力提供良好的组织支持和设备能力。其次，政府应结合自身实际制定有针对性的措施提升领导干部数字能力。虽然数字技术塑造了政府新的控制、协调和合作模式，但其在领导干部管理中是否发挥积极影响作用尚未得到广泛的验证，因此政府单纯依靠数字技术来提升领导干部的数字能力的做法是相对片面的。如前所述，影响领导干部数字能力有多条路径，技术驱动型路径仅覆盖了调研中60%的案例，虽然案例的覆盖面对结论有一定的影响，但也从侧面可以说明单纯依靠数字技术来提升领导干部数字能力的影响相对偏弱。最后，政府应充分对自身的数字基础设施、技术水平、领导干部队伍素质、领导干部数字技术采纳等因素进行全面衡量，结合不同的情况分门别类制定有针对性的举措，才能在影响领导干部数字能力过程中起到事半功倍的效果。

（三）研究局限与展望

研究在以下方面还存在不足及需要完善之处：首先，样本数量还存在一定的局限性，研究深度还比较有限；其次，缺乏领导干部数字能力影响因素的跨层次分析研究，而影响领导干部数字能力的因素分布在个人和组织两个层面，组织层面因素的影响可能与个人层面因素的影响不同，未来可以通过跨层次分析的方法进一步探讨不同层面因素对领导干部数字能力的影响关系。

第六章 国内外提升领导干部数字化能力经验借鉴

"他山之石，可以攻玉。"梳理国内外提升领导干部数字化能力的先进经验，探寻其中的共性特征与规律，对于提升我国领导干部数字化能力具有一定的启示意义。

第一节 欧盟领导干部数字化能力建设经验

欧盟一直以来都把推进数字化转型摆在十分突出的战略位置，以此为经济发展和社会进步添加持续动力。新冠疫情暴发后，欧盟在实施数字化战略，尤其是在加快提升公众数字技能方面，采取了进一步的举措，展现其发展数字经济、建设数字社会的强烈意志，对欧洲乃至全球数字化转型都带来一定影响。欧委会 2021 年发布的《欧盟技能议程》中提到，所有公民必须具备基本的数字技能，劳动者才能有机会获得新的专业数字技能。

一 后疫情时代欧盟强化数字技能战略

欧盟认为，疫情暴发以来的疫苗研发进程，充分证明了数字化是推动分布式创新取得显著成效的重要原因。疫苗研发进展快速，主要得益于分布式创新（即通过网络分享数据）在多个国家和地区均取得了重大研发成果。但欧盟也意识到，疫情暴发暴露了其在数字化进程领域滞后的缺陷。在此次疫情应对上，无论是疫苗研发还是社会组织动员，欧盟范围内数字技术的应用成效明显滞后于其他领先地区。这使得欧盟开始反思并加大数字化战略推动力度，对面向 2030 年的数字化战略进行新的布局。2021 年 3 月 9 日，欧盟正式推出了《2030 数字指南针：欧洲数字十年之路》（*2030 Digital Compass：the European Way for the Digital Decade*，以下简称《2030 数字指南针》），并提出了面向 2030 年数字化战略在技能（Skills）、安全和可持续的数字基础设施（Infrastructures）、企业（Business）数字化转型和公共服务（Government）数字化四个方面的发展目标。其中技能的发展目标，主要指培养出满足数字化发展，尤其是数字产业发展的高技能人才和熟练掌握数字技术与知识的公民。技能的发展目标不仅被摆在了 2030 年欧盟数字化战略四大发展目标的首位，而且也是欧盟未来数字化战略发展方向之一。在欧盟新的数字化发展战略中，人和企业是最为重要的两个发展方向：一方面，欧盟希望为未来数字化发展提供庞大的数字技术专业队伍和适应数字化社会需要的人群；另一方面，欧盟也希望拥有更多应用数字技术的企业以及在数字化产业领域居于领军地位的大企业集团。

欧盟在数字化发展战略中突出强调技能的地位，与其数字化的现实窘境有直接关系。尽管欧盟在世界上较早提出了数字化转型的战略目标，但直到 2015 年之前，欧盟在数字化进程上不仅明显落后于美国、日本和韩国等发达国家，而且还在某些方面开始同一些发展中国家形成差距。2015 年，欧盟加快了推动数字化进程的步伐，提出了建立数字单一市场等重大举措，并通过取消移动通信在欧盟范围内的漫游费等具体举措来加快数字产业的发展。在提升数字技能和人才培养等方面，欧盟及其成员国也纷纷出台战略举措，如 2016 年制定了《欧洲新技能议程》，2018 年提出《数字教育行动计划》，形成了比较系统全面的布局。但其在数字技术人才以及公民数字技能方面仍有较大差距。在今天欧洲的就业市场上，网络安全、人工智能、云计算、高性能计算和其他数字领域的专家缺口达数百万，约 42% 的欧洲人缺乏基本的数字技能。更精确的统计显示，2019 年缺乏信息和通信技术专家的欧盟大型企业占比达 46%；在 16—74 岁的欧洲人群中，1/6 缺乏数字技能，1/4 仅有低水平的数字技能，远低于东亚地区。为此，欧盟在《2030 数字指南针》中就强化数字技能提出了具体目标，即到 2030 年，在欧盟形成一支 2000 万人规模的信息技术专业人员队伍，确保 80% 的欧洲成年人具备基本的数字技能。

二　欧盟提升数字技能的战略举措

（一）强化国家顶层设计

欧盟早在 2015 年就发布了《欧盟数字技能宣言》，此后三年又陆续发布了《欧洲新技能议程》和《数字教育行动计划（2018—2020 年）》，要求各成员国制定国家数字技能战略，提出要建立数字技能和工作联盟，促进整个欧盟实现教育现代化。英国政府 2018 年和 2019 年接连发布《成人将从数字技能改革中受益》《提高成人基本数字技能》《提高成人数字技能计划》，从资格的设计和制定、教育与培训方式等方面介绍了专业资格证书制度。《欧洲技能议程（2020）》中提到，到 2025 年，欧盟 2.3 亿成年人（即欧盟 70% 的成年人）至少应该具备基本的数字技能。

欧盟除在以往的数字化战略投资之外，加大了后疫情时代经济复苏中数字化方面的投入。2021 年年初，欧盟设立总额超过 6700 亿欧元的复苏与恢复基金（RFF），明确要求获取这笔基金的国家，必须至少将其中的 20% 用于经济和社会的数字化转型。同时，欧盟还对如何使用这些基金提高数字技能给出了指引，具体包括：开发和更新中小学数字技能模块和课程，资助公司内部的培训中心提供更多的培训机会，制订国家信息通信技术学徒计划，增加提供人工智能（AI）、网络安全或量子计算等先进技术的大学课程，培养教师和培训师的数字技能并创建数字教学内容，授权数字创新中心（DIH）为企业的成功数字化转型提供培训和技能开发，为学校和教育机构开展数字学习和技能培训改善数字设备等。

（二）创建数字技能和工作平台

为了更好地服务于数字化进程中人们对于培训和就业的需求，欧盟在 2016 年就成立了数字技能和工作联盟，以促进教育、就业市场和企业等各利益相关方共同协作，提升欧盟公众的数字技能，着重解决青年人从事数字行业所遇到的困难。随着欧盟数字化战略的推进，数字技能和工作联盟的运作手段也迫切需要数字化，数字技能和工作平台应运而生。该平台由欧盟委员会发起成立，是由 25 个成员国以及冰岛和挪威等国家组成的数字技能联盟。该平台得到了来自"连接欧洲设施"项目的大力资助，主要是把全欧洲高质量的数字技能信息、创意和资源完整地汇集起来，更加方便有需求的人获取。通过这一平台，人们不仅可以免费收看各种数字技能培训课程、对自己的数字技能进行自我评估、接受专家的在线辅导，还可以获取数字技术工作招聘信息、参与数字创业项目讨论、发现数字行业领域的融资机会。配合欧盟《2030 数字指南针》的实施，该平台最终目标是建成一个帮助人们获得融资机会、找到项目合作伙伴、共享数字技能内容和资源、便捷与同行和专家进行在线交流的泛欧数字技能和工作社区。

（三）探索实行数字技能证书制度

为帮助人们更好地在欧盟范围内从事数字技术工作，同时也简化企业招聘数字技术人员的环节，欧盟致力于推行能够被广泛认可的《欧洲数字技能证书》（EDSC）。该证书将简化欧洲各国政府、雇主和其他利益相关者认证和认可数字技能的方式。2020年9月，由来自欧洲2.5万多个数字能力中心参与的ALL DIGITAL联合会就欧洲数字技能证书进行可行性研究的预研，探索欧洲数字技能证书应用的潜在场景。欧盟联合研究中心在此基础上就欧洲数字技能证书组织可行性研究，在2022年9月前向欧盟委员会提交研究结果报告。欧盟委员会预期，将于2023年推出欧洲数字技能证书。与此同时，欧盟委员会"创新、研究、文化、教育和青年"事务专员玛瑞亚·加布里埃尔（Mariya Gabriel）和"就业与社会权利"事务专员尼古拉斯·斯密特（Nicolas Schmit）在2021年4月发起了一项为期12周的公众咨询，提议在欧洲推行可以促进终身学习和提高就业能力的微证书制度。微证书制度主要是为了满足数字化进程需要，对于能够通过短期学习及时更新数字技能等方面能力的人员，给予微证书形式的认定，以缩小正规教育与不断发展的社会和劳动力市场需求之间的差距，满足市场和用户的需求，促进终身学习和创新。

三　主要经验启示

进入数字时代，我国在如何加快数字技能提升等方面面临新的问题，参照欧盟在数字技能方面的做法，可以得到如下经验启示。

一是进一步提升对数字技能战略意义的认识。数字化仍是当前经济社会发展的一个主要方向，尤其是对于世界人口总量第一的大国，我国数字化进程中最主要的一个问题也是数字技能。如何增加我国数字技术人才的有效供给、大幅提升公民的数字技能，应纳入国家发展的战略层面予以考虑。

二是完善数字技能的基础设施建设。虽然我国基础设施的数字化（信息化）水平增长较快，但基于数字技能的统一平台还没有总体规划，缺乏类似于欧盟数字技能和工作平台这样高度集成的专业化平台。如果能够汇聚政府、企业、服务机构等多方力量，尽快建立面向全国的数字技能平台，将会有力地促进数字技能相关教育培训、知识普及、人才流动和创新创业的发展，加快我国数字化进程。

三是完善数字技术人才相关政策。欧盟从政策层面消除数字技术人才流动障碍，以及探索推出被欧洲各国普遍承认的数字技能证书做法具有可取之处。知识更新微证书等政策，有助于在数字化时代满足人们终身学习的需求，在激发全民提升数字技能积极性方面发挥重要作用。我国在专业技术人才评价等方面的体制机制改革已经取得了很多突破，但在数字技术人才的技能认证等方面仍有发展空间。随着数字时代的深入发展以及全民数字技能普及需求的日渐紧迫，我国可在创新数字技术人才评价、实行公众数字技能社会认证等方面加大发展力度。

第二节　英国领导干部数字化能力建设经验

一　英国政府领导干部数字化能力建设的顶层设计

基于大数据背景下领导干部数字化能力建设面临的形势，英国在《数字化能力战略：抓住数据机会》《政府数字战略》《英国数字战略 2017》等战略规划中对英国领导干部数字化能力建设进行了制度设计。

（一）领导干部数字化能力建设的目标使命

领导干部数字化能力是领导干部能力体系和政府治理能力中的重要一环，其最终使命应定位在国家治理的宏观视野中。英国旨在通过系统培育和提升领导干部数字化能力，促使领导干部成为大数据背景下从数据中提取信息、知识和价值的领导者，确保英国世界一流的领导干部队伍的地位，以此来提升政府和领导干部为公民、企业和学术界造福的能力，进而确保英国政府的数字服务和数字部门保持世界领先地位，保持英国的国家竞争力。

（二）领导干部数字化能力建设的愿景设计

为了不断提升英国政府的效能，英国分别在领导干部和政府组织变革两个层面制定了领导干部数字化能力建设的中长期愿景。在领导干部层面，提出要把领导干部培养成世界上具有熟练数字技能的领导干部群体之一，打造数字化领导干部队伍。在政府组织层面，通过领导干部数字化能力的培育和应用，大量开发和提供在线服务和数字服务，促使政府数字化转型，进而提高政府效率，为公众提供优质的公共服务。

（三）领导干部数字化能力建设的目标选择

在领导干部数字化能力建设的近期目标选择方面，针对领导干部数据技能不足，英国政府提出了数字化能力提升计划。针对领导干部队伍中的数据人才缺乏问题，提出要加大数据人才引进和培育力度，建立领导干部数字化能力的学习和发展机制，构建有利于数字技能培育的组织文化，提高领导干部的数字化能力信心。同时，为了给领导干部数字化能力发挥提供最佳的数据基础设施，英国提出将建立一流的数据基础设施作为近期政府工作目标之一，以解决数据质量、数据资源等问题。

二 英国领导干部数字化能力建设实施路径

英国政府在培育领导干部数字化能力方面的实施路径包括政府内部、政府与外部的合作两个层面来推动。

（一）政府内部层面的实施路径

1. 大政府宏观层面

内阁是英国的最高行政机关，其作为整体政府的代表，在领导干部数字化能力培育中的实施方案包括五个方面。其一，制定战略规划。英国提出要围绕领导干部数字化能力建设制定专门和配套的战略规划，除了已经制定的《数字化能力战略：抓住数据机会》《政府数字战略》等战略规划，政府要不定期修订、更新和颁布战略规划，制定数字化能力支持框架，将领导干部数字化能力纳入政府大数据战略、领导干部队伍建设的战略规划当中。其二，开展数据技能培训。政府负责领导和实施数据技能培训与数据培训课程开发，培训对象面向现任和潜在的领导干部队伍人才，消除领导干部队伍的数字化能力鸿沟。其三，引培数据人才。领导干部队伍要吸引并留住各类数据专家，大量招募统计学家和数据科学家，并为这些数据人才制定专业能力和职业发展道路。其四，制定数字化能力标准。英国要制定各个领导干部职业的数据技能标准、制定数据伦理框架、构建数据安全与保护框架。其五，提供保障措施。政府负责监督数字化能力相关战略的执行，成立创新行政数据研究中心以及各类工作小组，为数据技能培训和各研究中心提供资金和技术支持。第六，启动国家信息基础设施计划，推进政府数据基础设施建设，推进政府的数字化进程。

2. 政府部门层面

部门是英国政府结构中的核心构成，是领导干部数字化能力建设的首要分解和执行主体。英国政府部门在推进领导干部数字化能力的实施思路包括：一方面要发布本部门的数字战略，推进部门业务和公共服务数字化，为此，各部门要制订本部门的数字化政策和数字化能力计划，促进领导干部使用数字工具，开展数据收集和利用活动；另一方面，每个部门要建立专业的数据人才团队，支持和实施本部门领导干部的数字能力培训，为领导干部提供培训学习机会，协作聚集数据人才，确保部门数字能力。除了部门共同责任，英国政府还通过授权现有部门和成立新部门来推进领导干部数字化能力建设。其中，授权英国工作和养老金部成立专业的数据学院，每年为政府系统内的 3000 多名领导干部提供技能培训。由英国商业部、创新和技能部实施政府数据服务培训计划，确保所有服务经理、数据领导者、数据专家和其他公职人员进行数字化能力培训；跨部门的电子基础设施领导委员会将保障政府数据基础设施的建设和利用；英国财政部对各部门的数字化能力培训活动、数字服务创新活动提供预算和资金支持，同时对其开展绩效评估；政府数据服务局建立了一个跨部门的招聘中心，以协助各个部门招聘数据和技术技能方面的高级职位人才。

3. 跨部门之间的合作

对于非单个部门可以完成的领导干部数字化能力培育任务，英国政府构建了跨部门的协同与合作机制。英国商业部、创新和技能部与政府数据服务局合作，设计数字服务项目，提供领导干部应用数据的平台,培育领导干部的数据意识和技能。在数字化能力标准制定上,英国汇聚了9个主要职能部门及其负责人,负责为领导干部系统的数据专家、数据职位制定能力标准,评估和设计专业能力和职业发展道路。在领导干部管理上,英国成立了人力资源领导力小组、人才论坛、人力资源能力委员会、人力资源影响委员会等跨部门的公共部门人力资源管理机构,推进数字化能力在领导干部日常管理中的全面嵌入。在制定法律上,内阁办公室将与部门合作为政府的数字化转型和领导干部数字化能力培育消除立法上的障碍。在数据开放方面,英国成立跨部门的部门透明度委员会,指导和督促各个部门的数据开放和共享行动。英国还成立了跨部门的数据咨询委员会,协调、指导和监督每个部门及其领导干部的数据利用活动。

4. 领导干部岗位层面

在领导干部岗位层面,英国主要通过创新岗位设置,明确数据岗位责任,调动领导干部自身培养数字化能力的积极性。第一,创建领导干部的数据职业类别。新设立数字、数据和技术领导干部职业类别,该职业专门为整个领导干部系统数据利用人才提供数字化能力培训和技能开发。此外,保留和新设政府统计、社会研究、情报分析、政策分析等与数据应用高度关联的职业类别。第二,在领导干部各个数据相关职业类别下完善数据岗位设置和岗位职责,保留和新设置了数据分析师、数据科学家、数据整理者、绩效分析师、数据工程师、数据架构师、统计师等数据岗位，并设置相应的高级、中级、初级的职业等级、任职资格、职责与能力标准。第三，英国在每个部门设立首席数据官的职位，负责领导和监督该部门数据活动与数字化能力的领导工作。第四，领导干部自身要遵守每个职业能力标准中的数据技能要求，积极使用数据工具，积极参与数字化能力培训活动。

（二）政府与其他外部的合作

1. 政府与立法机关的合作

在英国，立法机关主要指英国议会，包括上议院和下议院。行政机关与立法机关在政府领导干部数字化能力建设中的合作主要是两个方面：一是法律制定中的合作。英国立法机关和行政机关拟在近期合作修改和发布新的《数据保护法》《数字经济法案》《信息自由法》等与数据相关的法律和法规，以法律形式保护政府数据安全，为领导干部的数据利用活动提供法治保障。二是参与管理。政府在数字化能力建设的资金支出方面不仅需要经过英国财政部门的批准，还需获得议会的预算批准。同时，议会下议院对政府的政策、活动、支出、管理和服务会进行经常性审查和监督，以此介入到领导干部数字化能力的共同管理当中。

2. 政府与企业的合作

企业在数据资源、数据技术、资金资本、数据人才方面具有政府不可比拟的优势，为此，英国领导干部数字化能力的建设也重视与企业建立合作伙伴关系，吸纳企业的优势资源参与领导干部数字化能力建设，具体合作内容包括五个方面：第一，吸纳企业参与相关战略规划的起草，如鼓励企业参与英国政府大数据战略规划的制定，鼓励企业参与数据计划制订，以帮助提高整个英国政府的数字化能力。第二，参与数字化能力相关标准制定合作，如邀请数字企业参与领导干部数字化能力标准的制定，鼓励企业提供领导干部安全数据使用的解决方案，合作制定数据安全标准，合作构建数据安全系统。第三，政府和企业数据资源合作共用，如鼓励政府和企业持有数据交换、共享和相互利用，支持领导干部利用企业数据的创新使用行为。第四，吸引企业参与政府数据基础设施建设，并提供资金和技术支持，构建数据安全系统。第五，引入企业参与领导干部的数据技能培训和企业共同投资一系列培训计划，允许企业承接领导干部技能开发和培训合同。

3. 政府与第三部门的合作

英国的教育机构、研究机构、协会等非营利和民间性的第三部门也被纳入领导干部数字化能力建设的框架当中，参与战略制定、科学研究、技能培训、人才培养等合作事项当中。在战略制定方面，《数字化能力战略：抓住数据机会》是由政府、行业、企业和学术机构共同制定，共同设定英国数字化能力的建设方向，其他战略规划制定也有大学和研究机构的参与。在标准研发方面，政府和研究部门、标准机构正在致力于开发跨学科、跨领域的数据标准，提供数据行为的最佳实践，共同制定数据伦理框架。政府和大学、数据研究所、研究理事会以及其他研究资助机构正在合作推进数据开放、数据技能方面的研究，合作探讨未来发展方向。在数据人才培养方面，英国政府主要与小学、初中和大学进行深度合作，在义务教育、高等教育方面全面嵌入素养和技能教育，培养政府和社会所需的后备数据人才。例如，英国政府积极推动中小学校进行数据编码教学，推动大学开设数据分析以及数据科学课程，更新公共部门后备人才的数据素养。

三　主要经验启示

当前，我国也正在全面推进国家数字化战略，实施大数据驱动的政府治理能力变革，领导干部数字化能力也成为国家层面的关注议题。领导干部要善于获取数据、分析数据、运用数据，增强利用数据推进各项工作的本领。通过对英国领导干部数字化能力建设路径的分析，对我国领导干部数字化能力的培养提升具有以下借鉴意义。

第一，战略层面，把大数据战略作为提升数字化能力的配套战略，制定专门的领导干部数字化能力战略。把领导干部数字化能力作为政府大数据战略实施的人才配套、人力资源配套来予以定位，把领导干部数字化能力作为政府治理能力现代化的重要组成部分予以定位。国家层面可率先制定专门的领导干部数字化能力提升战略规划，为领导干部数字化能力提升提供顶层设计，抢占领导干部数字化能力竞争的制高点。

第二，在结构层面，采用系统思维、协同理念全面推进领导干部数字化能力培育。领导干部数字化能力是一个长期且复杂的系统工程。政府要承担领导干部数字化能力培育首要责任，要赋予和明确中央和各级地方政府、组成部门、组织人事部门、党校系统培养领导干部的责任。同时，也要善于通过体制和机制创新，调用事业单位、国有企业、私人企业、非营利组织中蕴藏的数据资源、数据技术、资金资本、数据人才优势，通过政府采购、购买服务、合同外包、众包众筹等治理工具向非政府力量借智借脑，形成数字化能力培育的治理数字化能力合力。

第三，在标准层面，制定和实施领导干部数字化能力标准体系。能力标准是对领导干部数字化能力进行有效管理的核心工具。要针对不同级别、不同类别的领导干部构建差异化、立体化、可操作化的数字化能力素养与技能标准体系，并将数字化能力标准纳入到干部选拔、任免、培训和考核体系当中进行系统推进，形成全方位促进领导干部数字化能力建设的人事管理体系。

第三节　新加坡数字治理实践
——"智慧国家 2025"计划

新加坡是全球较早实施政府信息化行动的国家之一，在联合国对全球电子政务评估中连续多年名列前茅，并且在政务服务深度上位居世界第一，在智慧城市建设上的应用表现尤为突出。新加坡政府把数字技术应用在政府治理中，在全球始终处于领先地位。尽管新加坡与我国在许多方面都存在一定差异，但其数据应用和数字治理的做法却具有一定的适用度，可为我国政府数字治理提供经验借鉴。其"智慧国家2025"计划主要内容可概括为以下三个方面。

一 注重数字基础设施和平台建设

新加坡把"智慧国家2025"计划上升至国家战略层面，举国之力强力推动。政府发挥主导力量建设"智慧国家"平台，建立起覆盖全国的数字操作系统和基础设施。平台将各个领域的实时数据收集汇总后，借助大数据技术，通过模型设定和算法演绎，从多维度对城市管理等应用场景进行模拟和预测，从而为决策者提供辅助支持。政府利用感应器收集、汇聚各方面的实时数据，着力打造"智慧国家"平台，并且还建立起了覆盖全国的便于数据收集、存储、传输和分析的数据基础设施，为基于数据的智能决策和对数据的创新性利用提供了基础，使政府各部门能够方便获取数据、利用数据，提升了政府治理的科学化和精细化水平。

二 积极推动大数据技术在多领域的应用

该计划在城市交通方面，借助大数据及相关技术，丰富大数据应用场景，开发实时路线规划应用程序、应用电子道路收费，以打造"智能交通"来服务经济社会发展和方便市民生活。在医疗健康方面，积极推进医疗信息化建设，建立医疗数据共享平台，在获得患者授权后，医生借助相关医疗系统即可跨区域、跨部门调阅患者的电子病历，提高了诊断效率和医疗服务质量，方便医疗机构进行临床教学与科学研究。此外，政府机构通过调用医疗部门就诊数据，借助定位服务技术对全国各区域发病情况的监测，运用构建的相关模型对疾病发生率进行预测，实现了对疾病的提前预防和及时的药品配备等。

三　大数据助力反腐败建设

新加坡贪污调查局借助大数据，力推"科技反腐"，通过相关数据收集和分析利用，能够快速发现贪腐线索，助力侦破贪污案件，维护了政府廉洁形象。同时，大力推进电子交易和网上采购系统，所有公共部门在采购产品和购买服务时必须通过规定的电子商务平台进行招标，借助电子信息平台使监管机构可以全流程监督产品采购和服务购买，及时发现可疑的采购事项，减少腐败现象发生。

四　主要经验启示

"用数据说话、用数据决策"是数字时代政府进行科学治理的重要途径。数字治理能力已成为领导干部适应数字时代的一种重要能力。国内外数字治理的实践经验表明，要抓住领导干部作为创新数字治理的"关键少数"，切实提高领导干部数字治理能力。

一是领导干部要树立大数据思维，提升科学领导水平。传统领导力通常依据以往经验或先例作为决策支撑，缺乏对问题或对象的全面信息把握分析，导致作出的决策存在偏差或失误。在数据时代，领导干部要树立大数据思维，推动决策由经验驱动向数据驱动转变、管理由单向管理向协同治理转变、服务由被动响应向主动服务转变，使科学精准的数据作为决策的重要依据，增强现代化治理水平。

二是领导干部要重视数据平台建设及其应用。数据平台是提高基础服务能力的载体，领导干部应着力推动非涉密政务数据"上云""上平台"，鼓励部门可以开放的数据尽量开放，方便公众获取使用。进一步挖掘和发挥我国拥有海量数据和丰富应用场景的优势，通过海量数据采集，把原始数据进行加工、处理和分析，并转化为能够解释、预测的精准数据，然后利用这些精准数据增强决策的科学性和对未来的洞察力，从而克服传统领导干部的认识和决策经验不足或信息不对称的突出问题，为领导干部科学决策提供坚实的支撑。

三是领导干部要充分发挥群体智慧。将大数据运用到经济和社会的治理，仅靠政府或者几家企业的努力是不够的，需要多方的共同参与。从先进实践看，在大数据应用和平台建设中引入专业化数据运营团队，鼓励相关部门的业务骨干与数据运营团队开展合作，赋能社会主体，对政府数字治理具有很大的促进作用。各级领导干部都应善于借用群体智慧和力量，广泛发动群众参与，更好地服务社会。

第四节　国内数字政府建设与领导干部数字化能力提升经验

一　"数字浙江"建设经验

浙江省委、省政府把建设"数字浙江"作为一项战略性任务、基础性工作，统筹运用数字化技术、数字化思维、数字化认知，把数字化、一体化、现代化贯穿到党的领导和经济、政治、文化、社会、生态文明建设全过程，对省域治理的体制机制、组织架构、方式流程、手段工具进行全方位、系统性重塑。其中，有许多经验值得学习借鉴。

（一）强化顶层设计和组织推动

把数字技术应用于政府服务管理全过程，强化统一领导、统一组织、统一推进。省级层面成立领导小组，组建工作专班，两个月召开一次工作例会，省委、省政府主要领导同志亲自部署、亲自调度、亲自推动。全力推进政府管理和社会治理模式创新，实现政府决策科学化、社会治理精准化、公共服务高效化。统筹全省政治、经济、文化、社会资源，打破原有的层级、地域、系统、部门、业务束缚，建设覆盖省市县三级的一体化、智能化公共数据平台。打造的政务协同总平台，纵向覆盖省市县乡村五级，横向连接党政、团体、企业、单位，重要工作指令"一键触达"。

（二）以集成创新推动各领域业务流程再造

截至 2022 年 2 月，浙江省已形成并迭代完善了"一体化、智能化公共数据平台""党建统领整体智治、数字政府、经济、社会、文化、法治六大系统"和"基层治理系统""理论、制度两套体系"的"1612"体系架构；构建了通用化的知识库、数据仓、模型库、算法库、规则和法律库；实现了算力一体调度、安全一体监测、数据一体配置、组件一体共享、应用一体管理、端口一体集成的"平台+大脑"数据底座，解决了一大批传统手段难以解决的"老大难"问题。例如，在政务服务领域，截至目前，浙江省依托公共数据平台，集成接入国家省市县 319 套业务系统，1891 个接口，打通支付宝、微信等 14 个第三方服务渠道，链接五大国有银行、农商银行等 1.3 万余个自主终端，形成了统一事项、统一收件、统一对接等统一的政务服务一网通办的浙江模式。①

---

① 袁家军：《忠实践行"八八战略"坚决做到"两个维护"在高质量发展中奋力推进中国特色社会主义共同富裕先行和省域现代化先行》，2022 年 6 月 20 日。

（三）纵深推进数字变革

浙江省 2017 年启动"最多跑一次"改革，2022 年政府数字化转型形成"掌上办事、掌上办公、掌上治理"，目前，正全力推进数字化改革，重点从"党建统领量化闭环、现代政府整体治理、现代经济协同共建、共同富裕有效落地、以文化人精准触达、平安法制一体推进、基层智治综合集成、数据支撑一体智能和改革推进共建共享"九个方面聚力。在内涵上，实现由技术理性向制度理性跨越；在领域上，实现由局部向全方位、全过程、全领域跨越。浙江省规划到 2025 年年底，基本建成"整体智治、唯实唯先"的现代政府。

（四）探索数字化改革的标准和话语体系

浙江省在探索实践中，注重总结提炼升华具有一般规律、普遍意义的理念、思路、方法和措施。在省级层面形成改革教材、学术专著、理论文章、调研报告等理论成果 307 项；同时，注重在法治轨道上推进改革，出台《浙江省数字经济促进条例》《浙江省公共数据条例》等一批地方性法规，实施《数字化改革术语定义》《数字化改革公共数据目录编制规范》等一批地方标准。理论成果和地方性法规，从整体上保障了数字化改革的各项成果更加成熟定型，形成了具有浙江特色的"数字浙江"标准和话语体系。

二 贵州省政府数字治理实践——"经济运行领导驾驶舱"

近年来，贵州省以大数据、5G 等新技术为基础，深度融合政府、社会及互联网等数据资源，不断完善政府多目标决策的数字系统及平台应用，全面开展城市治理、经济社会、民生服务等领域的决策分析和预警预测，打造数据可视化、模拟精准化的"经济运行领导驾驶舱"，为数字时代提高政府决策的科学性、精确性和预见性打下重要基础。

"经济运行领导驾驶舱"是贵州省数字政府建设的创新项目，主要是围绕大数据的归集、畅通和应用，构建"数据仓库"、数据管理平台和应用终端服务体系。"数据仓库"是汇集贵州省宏观经济运行数据资源，并运用最新数字技术进行整合利用，形成的大数据资源库。数据管理平台是连接前端应用和后台服务支撑的终端系统，包括身份认证、卫星遥感、人工智能和大数据等平台，是组成"经济运行领导驾驶舱"高效运行的管理平台。应用终端包括手机端、电脑端和应用大屏幕显示端，能够满足多用途操作需求。"经济运行领导驾驶舱"通过实时数据、各级各领域数据和非结构化数据等海量数据资源的会聚，从宏观到微观的逐级分析监测，实现全方位、多层次经济运行情况的智能分析，并利用大数据和算法构建多维度分析预警模型，以此对全省经济形势进行分析研判，对于非正常突发情况，能够自动生成预警报告。此外，领导干部还可以使用它的"一键批示"功能，对分管部门的工作作出批示，大大提高了政府工作效率和治理效能。

"经济运行领导驾驶舱"是数字时代借助大数据、云计算、

5G 等数字技术推动政府治理体系和治理能力现代化的有力实践，它通过新一代数字技术的运用让领导干部能够及时掌握所在区域经济运行基本情况，为党委、政府的科学决策提供了高效服务。

第七章　领导干部数字化能力
提升的路径选择

　　党的二十届三中全会通过的《中共中央关于进一步全面深化改革、推进中国式现代化的决定》着眼全局和战略，对提高干部现代化建设能力作出重大部署，指出要"健全常态化培训特别是基本培训机制，强化专业训练和实践锻炼，全面提高干部现代化建设能力"。当前，世界百年未有之大变局加速演进，中华民族伟大复兴进入关键时期，抓好干部队伍的能力提升，比以往任何时候都更为重要、更为迫切。

第一节　领导干部数字化能力提升的内在培育

　　推动数字政府建设，落实数字治理，关键要靠领导干部。领导干部数字治理水平高不高，开展数字治理必须具备的能力强与否直接关系到数字治理成效，甚至会影响数字政府建设战略规划和推进国家治理体系和治理能力现代化进程。

一 不断提升学习能力

一是善于学习。以学习之方提升急需之能领导干部的教育背景、任职时间、实战经验等要素各不相同，面对数字治理时的"本领恐慌"与能力困境在相当一个范围、相当一个时期都是存在的。破解这一难题，领导干部可以在推进数字治理进程中加强学习，以学习的方式增强各项能力。一方面，加强数字技术与管理理论的学习。数字治理既涉及计算机、电子信息、软件工程等数字专业技术，也包含法学、管理学、政治学等管理理论。数字专业技术与管理理论是领导干部胜任数字治理场景、熟练使用技术工具、培养数字技能素质、形成数字治理思维、构建数字理念的关键。由此，无论是数字技术专业类型的领导干部，还是偏行政相关专业类型的领导干部，既要研读数字技术与管理理论的经典论著，又要积极参加各类专题培训，分析典型案例，努力学习自身领域和投身数字治理发展所需的知识，全面系统地优化知识结构，提升数字治理各项能力。另一方面，加强数字治理方针政策、法律法规的学习。数字治理的方针政策和国家法律法规是领导干部进行数字治理决策部署、解决数字治理实际问题、化解数字治理困难、调节数字治理矛盾的基本遵循。对领导干部而言，数字治理方针政策、法律法规的学习既是开展数字治理工作要做的基本准备，又是提高数字治理技能、提升数字素养的最佳途径。在实践中，领导干部既要善于应用互联网、信息平台等学习数字治理方针政策、法律法规，又要实时关注数字治理动向，确保各项数字治理知识储备"不掉线"。

二是善于思考。以思考之策增强数字能力思考是快速提升领导干部数字能力的良方。尽管数字治理向纵深不断推进，但数字治理面临技术并未成熟、应用背离初衷、配套政策制度与法规滞后于治理实践、治理范式尚需变革等一系列问题，制约数字治理的高质量发展。直面这些问题，领导干部需要用科学的思维抓住问题根源，以思考之策为数字能力提升供能。领导干部所处的数字治理环境大相径庭，实施数字治理不能人云亦云、照抄照搬，需要提前谋划。一方面，要谋定而后动，先思考再行动。无论是制定数字治理策略，还是开展数字治理行动，都要求领导干部突破思维定式，多角度梳理可能存在的难点、痛点等问题，并分析这些问题产生的原因，研究制定对策与方案，以便高效、有针对性地开展相应工作。另一方面，要寻根究底，做到善思深思。领导干部在数字治理实践中，无论是使用数字工具和设备、利用数字资源，还是与治理主体沟通，必然会遇到许多从未遇见，也不曾思索过的具体而复杂的问题。要解决好这些数字治理问题，需要领导干部有追求真理的决心，以问题为导向，多层次、多空间、多维度对之进行思考。

三是勤于总结。从数字治理经验教训之中发掘数字能力对领导干部而言，在数字治理实践过程中，无论是使用数字工具和设备、利用数字资源的经历，还是应对行为观念、服务意识转变的挑战，抑或破解职能建构、职责履行难题等数字治理过往的经验，无疑对提升数字能力有所助益。也正因如此，领导干部需要勤总结、多梳理，从过往的情况和事件中积累经验，提升数字能力。一方面，对数字治理典范与成功的治理案例科学总结以启迪工作思路。领导干部可以定期对数字治理过往的经历、应对的挑战、破解的难题加以汇总、归纳和梳理。通过分析这些成功案例的共性经验和操作流程，找出开展工作的一些基本思路。另一方面，对失败的数字治理事项与案例细致分析以规避工作误区。领导干部要善于变劣势为优势，通过对失败的数字治理事项与案例复盘定位、剖析分解，准确洞察决策失误和执行短板。从数字治理经验教训之中认清形势、转变观念，创新思维、统一认识，排查问题、寻求对策。从数字治理工作的经历、情况和事件中总结经验教训，防止今后工作中再犯同类错误。

四是重于实践。以数字治理实践之路培养数字能力，领导干部的数字治理包含理论与实践，是领导干部数字素养的目标所在，同时也是在实践层面对领导干部数字素养的终极考验。尽管在数字乡村、数字政府、数字中国等数字化发展的推动下，领导干部的数字理论与数字意识越来越强，但在实践层面，对技术工具、平台应用掌握不牢，对数字技术付诸治理实践、现实创新不足仍是领导干部数字能力欠缺的重要表现。实践是检验真理的唯一标准，要提升领导干部数字能力还是要依靠实践、回归实践。一方面，领导干部要畅通途径加强应用性实践。应用是最真切的实践，领导干部要善于应用数字资源，将技术嵌入到治理实践中。从基础的数字工具操作、错综复杂的平台应用，到数据的深度挖掘，以及数字信息的表达，领导干部在数字治理过程的种种应用性实践，使其能够驾驭数字治理工具，警惕和防范安全要素，提升行政决策、执行与监督能力，以实践之策提升数字之能。另一方面，领导干部要立足实践及时创新数字治理。充分发挥意识能动作用，在推动数字技术嵌入治理实践，实现数字治理应用场景，推进数字政府建设过程中科学研判、勇于创新，根据实践反馈及时调整工作思路与发展策略。

二　转变治理理念，提升数字服务能力

提高治理能力是新时代干部队伍建设的重大任务，领导干部作为关键少数，其治理理念和治理能力直接关系着党和国家事业发展大局。因此，领导干部转变治理理念、提升数字服务能力是推进政府数字化建设、提高公共服务效率的内在动力。第一，创新治理模式，转变治理思路。新时代，领导干部要多观察新事物，打破传统思维的束缚，正确把握核心理念，以快速应变的能力改造自身，掌握新时代人才基本素养技能。第二，

加强数字技术的学习。学习能力是干部的一项重要能力，领导干部要积极学习网络技术，提升通过网络获取信息的能力，将数字化技术全面融入创新型社会工作系统中，促进社会公共服务健康发展。各级党校、各种干部培训班要加强对领导干部数字素养和数字治理能力的教育和培养。同时，在数字素养和治理能力教育中要坚持针对性原则，根据不同地区、不同级别、不同岗位的领导干部对数字能力的实际要求，进行针对性教育。第三，大胆开展数字治理实践。"行是知之始"，领导干部数字素质和数字治理能力提升不是一个理论问题，而是一个实践问题，必须通过实践，从实践中积累经验，提升自身数字素养和数字治理能力。数字技术发展变化不止步，数字治理实践就不应停止。领导干部要在实践中与时俱进，开拓创新。对数字治理实践中取得良好成绩的领导干部要进行表彰，树立典型，进而带动其他领导干部学习数字技术，提升数字素养和数字治理能力。因此，领导干部应该扬弃陈旧的治理思维和模式，注重吸取新理念、新技术，重塑治理理念，转变工作思路，集中力量赢得发展主动权。同时，要有效整合传统和新型资源，打破思想、组织的局限性，积极与科技发展前沿和服务对象多沟通，探索社会治理新模式，提升数字服务能力。

三 加强前瞻理论研究，深入实践探索

新时代，是一个需要理论而且一定能够产生理论的时代，

数字治理理论的创新对于提升国家治理体系和治理能力的现代化十分重要。要对现有的数字治理实践经验加以总结，把数字治理实践升华为数字治理理论，并用于指导实践。从成功的实践经验中提炼出具有普遍意义的指导原则，并将个别经验升华为一般原则。为此，学术界要大力开展数字治理相关研究，阐明数字治理的科学内涵，探索治理的有效模式，加强对数字治理实践经验的理论总结。在总结已有成功经验的同时要加强前瞻性研究，展望数字治理未来，对可能面临的重大理论与实践问题加强研究，强化科学理论对于实践的指导和引领作用，积极促进研究成果融入社会实践，为提升领导干部数字素养及社会治理数字化、智能化转型提供有力的智力支持。

第二节　构建领导干部数字化能力提升培训体系

提升领导干部数字化能力需要构建系统完整的教育培训体系，多渠道培养领导干部数字治理能力。应充分发挥各级党校（行政学院）、社会主义学院等干部教育培训基地的主渠道作用，有针对性地开展领导干部数字化能力提升课程。具体可以通过编写专业培训教材，开发现场教学基地和实训基地等，丰富教学场景，全方位提升领导干部数字化思维和数字化治理意识。

一 强化治理技能，实现领导干部教育培训体系的现代化

新加坡社会治理取得的举世瞩目的成就与其强化领导人才的教育培训理念、重视学习能力和系统思考能力的持续提升紧密相连。为此，强化治理技能，完善领导干部教育培训体系的现代化就成为当前任务的关键环节。首先，要实现培训机构与培训方式的多元化。目前我国承担领导干部教育培训工作的机构主要是各类党校，缺乏竞争性的培训机构，许多培训工作也只是流于形式，难以形成应有的效果，教育培训工作的质量亟待提高。在当前培训现状的基础上，还需要激发相关社会组织、市场主体来举办干部教育培训的活力，学习借鉴新加坡向市场购买培训课程的做法，使市场主体与各类党校、高校形成良性竞争，激发教育培训工作的活力，提高培训质量。其次，完善培训内容，强化治理技能的培训。强化治理能力的基础是要在教育培训中，注重转变领导干部的治理理念，培育积极主动与市场、社会合作治理的意识。重要的是要强化培训的针对性与实效性，在培训中要更多体现法治思维能力的培训、系统思维能力、应急处置能力的培训、舆论引导能力的培训以及沟通协调能力的培训。在多层次、多形式的教育培训中，培养领导干部适应学习的能力，不断强化治理能力。还要重点强化数据安全意识和数据管控能力的培训，使领导干部掌握安全防护技能，始终绷紧数据安全弦，提升数据安全管理能力和应急响应处置

能力，推动构建数字政府全方位安全保障体系。最后，加强对数据信息资源管控力度的培训，使领导干部能够既依法保护个人隐私，又有效打击网络犯罪。同时，要加强数字服务意识的培养。增加对数字政府建设中为民服务的流程和环节等内容的介绍和实践，使领导干部能熟悉数字服务的流程，增强为民服务的意识，从而更好地运用数字技术方便、准确、快捷地帮助基层民众解决问题，提升基层数字治理效果。除了必要的数字技能学习外，还应强化领导干部的数字伦理教育，在推动数字政府建设中，始终坚持人民至上，遵守法律法规和公序良俗、遵循技术向善的价值导向、合理开发利用数据和数字技术的必要条件。

二　构建数字素养培育机制

要强化数字治理思维，促进社会治理结构与运行方式从信息化向数字化转型。在国家数字化建设快速发展的关键阶段，要着力构建系统科学的领导干部数字素养培育机制，营造良好的数字环境，引导领导干部主动进行知识与技能储备，对数字困惑真"问"、对数字技术真"学"、对数字变革真"懂"，不断提高自身数字素养与数据领导力。第一，问题导向，消弭"本领恐慌"。当前，部分领导干部在思想上安于现状，对本行业技术领域知识储备不足，对大数据、人工智能、区块链等前沿科技存在认知误区，对互联网发展规律与网络话语运用洞悉感知意识不强，陷入数字时代"局外人"困境。领导干部数字素养与技能的提升是从网络大国迈向网络强国的关键。一方面，从主体驱动出发，领导干部需要全面系统地学习网络基础知识，利用数字化技术与工具分析和解决问题，有针对性地关注数字信息、数字平台、数字应用等相关要素，形成敏锐的数字感知与良好的数字意识；另一方面，聚焦数字知识与技能，通过搭建数字素养培训平台、集中普及行业数字信息、重点培训网络技术方法等手段，充分调动领导干部紧跟新业态发展动向的积极性，精准提升其数字化胜任力。第二，分层分众，实行"精准滴灌"。加强领导干部的数字素养培训与数字治理能力提升，是数据领导力建设的重要内容。在课程设计方面，注重分类设置班次，分众配置课程。明晰不同层次领导干部的能力现状与知识诉求，邀请行业专家、技术骨干有针对性地强化领导干部融入数字时代的意识。在形式内容方面，以集中培训为重点，"线上+线下"同步开展领导干部数字技能提升训练。以日常教育为主，结合虚拟仿真实践、融媒体平台资源等方式丰富数字素养培育内容。在培训机制方面，建立领导干部数字素养培养标准规范体系和分层考核制度，保障领导全员重点培训、带头培训，实现一线干部全面覆盖，发挥"头雁"领航效应。

提升领导干部自身的数据素养和数据运用能力。练就善于获取数据、分析数据、运用数据的基本功，其前提是掌握数据专业知识，具有良好的数据素养和数据运用能力。领导干部在挖掘数据的决策价值方面常常感到力不从心的原因与自身掌握的数据专业知识不够密切相关。数据专业知识具有前沿性和技术性，对于领导干部尤其是只有社会科学教育经历的领导干部来说有较大的认知难度。习近平总书记在 2021 年秋季学期中央党校（国家行政学院）中青年干部培训班开班式上的讲话指出，"领导干部不论在哪个岗位、担任什么职务，都要勇于担当、攻坚克难，既当指挥员又当战斗员，培养和保持顽强的斗争精神、坚韧的斗争意志、高超的斗争本领。要跟上时代前进步伐、跟上事业发展需要"①。在数字中国建设浪潮中，领导干部必须紧跟时代潮流，认识到提高数据领导力的必要性和紧迫性，学习数据专业知识，提高自身的数据素养和数据运用能力，锤炼高超的工作本领，才能不被时代淘汰。如果领导干部对数据不重视、不知情，在具体工作中就难以出主意、抓落实，也不能产生较高的说服力和影响力。

三　深化数字人才培养战略

在打造数字治理梯队与传统行业深度融合的进程中，技术型人才缺口不断扩大。数字化转型攻坚期，若没有优秀数字技术人才的支撑，领导干部的数字治理只能是"空中楼阁"。深化数字人才培养战略，要"聚天下英才而用之"，实施更加积极有效的人才政策，以系统思维构建数字治理人才矩阵，着力搭建

---

① 习近平：《努力成为可堪大用能担重任的栋梁之才》，《求是》2022 年第 3 期。

人尽其才的广阔平台，筑强智力堡垒。第一，双轮驱动，内部育才与外部引才相结合。组织内部的稳定发展是人才队伍建设的先决条件。领导干部要全面识别内部人才，利用现有人才网络，整合优势资源。不断优化人才工作环境，制定科学规范的人才储备与激励政策，为高层次人才提供"一站式"服务，建设自上而下的数字人才梯队。"内育良将"的同时要"外引精兵"，一方面，要有针对性地引进、吸收紧缺人才，弥补本组织在人才结构上的不足；另一方面，要向外延伸，与协同单位共建人才资源数据库，拓展人才培育渠道，形成人才聚集效应。第二，择优储备，打造一流青年人才队伍。习近平总书记在中央人才工作会议上强调，"要造就规模宏大的青年科技人才队伍，把培育国家战略人才力量的政策重心放在青年科技人才上，支持青年人才挑大梁、当主角"①。青年是社会上最富活力、最具创造性的群体，他们热爱个体自由，排斥因循守旧，追求独立思考与自我价值的实现，是职场中最具发展潜力的一代。领导干部要着重打破"论资排辈"的陈规陋习，使当代青年在数字治理实践锻炼中拥有初试锋芒的参与机会。作为互联网的原住民，年青一代在信息化、数字化环境中成长。获取这部分人才的支持与信任，要求领导干部具备善用人才、留住人才的思维与能力。制定公开透明的人才选拔方案，对人才进行综合考量和择优储备。

---

① 习近平：《深入实施新时代人才强国战略　加快建设世界重要人才中心和创新高地》，《求是》2021 年第 24 期。

进一步拓宽网络互动渠道，完善人才发展交流机制。

四 加强组织内部的数据管理与运用专题培训

培训作为一种组织影响方式，是从内而外影响组织成员思想观念和工作效率的重要管理工具。良好的培训效果能使组织成员自发地作出有益于组织发展的决策和行为，而不必一味依靠组织确定的方式方法或管理规则行动。在培训内容上，可以向受训者提供处理决策所需要的事实要素，可以给受训者建立一个进行思考的框架，可以向受训者传授公认的解决问题的方法，还可以向受训者输入其决策所依据的价值要素。这一观点为在组织内部开展关于数据管理与运用的全员培训提供了内容上的参考借鉴。除了组织全员培训，还需要加大对相关部门或岗位的管理及工作人员的专业技能培训甚至系统性的学习教育，包括数据管理、数据保管、数据分析、数据运用、数据安全、数据可视化等工作岗位。通过建立多层级、多主题、多类别的多元化培训体系，持续提升专职人员及全体成员的数据管理与运用能力，有助于在组织内形成良好的数据情境，从而为数据领导力营造良好的施展环境。

第三节 建立健全领导干部数字化能力考评体系

把数字素养和数字治理能力融入领导干部选拔和考核中。

制度建设是保障，领导干部数字素养和数字治理能力提升需要良好的制度环境。要建立健全数字治理的配套制度体系，把数字素养和数字治理能力融入领导干部选拔、任用、考核中，作为领导干部选拔、任用、考核的一项重要指标，促进领导干部数字素养和数字治理能力提升。

一　强化治理导向，实现"领导干部考核评价体系"的现代化考核评价

领导干部在监督其行政行为、评价治理职能、改善工作作风、提高工作绩效等方面发挥着重要的作用。然而，实际工作中的考核脱离了它最初的设定目的，治理导向也出现了偏差。强化治理导向，实现领导干部考核评价体系的现代化，是实现干部治理能力现代化的有力保障。首先，促进多元主体参与领导干部的考核评价。多元评价主体参与考核评价有利于保障评估过程的客观公正性，有助于真实地反映干部行政行为存在的现实问题。目前针对我国领导干部的考核评价主体主要集中于行政体制内部，包括相关上级组织，同级单位以及下级部门，表现为官评官的状态，评价主体难以摆脱既当"运动员"又当"裁判员"的角色定位，很大程度上影响着评价结果的透明、公正性。现代绩效管理理论认为在进行绩效考核时为保障其公正性有必要进行 360 度全方位考核。打破目前评估主体单一的现状是转变治理能力的紧迫任务。在保障信息透明与真实的基础

上，领导干部不仅要积极主动吸引专家、公民、市场主体、社
会组织等多元主体参与自身治理能力的评估，还应畅通多元主
体参与考核评价的渠道，减少参与阻力，让多元主体通过网络、
媒体、信访等方式轻松地参与考评，保障参与的便捷高效，充
分发挥多元主体参与评价的优势。其次，强化对领导干部的综
合考核评价。综合考核领导干部的治理行为，才能保证评价的
公正性，才能有效实现考核的最初目标。就我国目前干部的考
核情况来看，普遍侧重于考核干部决策所带来的 GDP 成果，而
忽略其他领域的考核；侧重最终的数字结果，而忽视背后所花
费的成本等情况。加强对领导干部在生态、社会、文化等领域
综合治理绩效的考核，显绩和潜绩的考核任务显得紧迫而艰巨。
在当前，考核干部与社会合作治理的具体内容时，科学评价应
有权力的下放情况，公共突发群体事件应对成效，运用新技术、
新媒体等方面的能力也是考核领导干部综合治理能力的重点领
域。在不断强化治理导向的基础上，助力领导干部树立正确的
政绩观、价值观，助推领导干部考核评价体系的现代化，实现
领导干部治理能力的现代化。

二　构建领导干部数字治理能力考核评价体系

2023 年《数字中国建设整体布局规划》提出，要将数字中
国建设工作情况作为对有关党政领导干部考核评价的参考。这
就有必要研究和考虑在提升领导干部数字治理能力中如何发挥

考核评价的指挥棒作用。在实际工作推进中，应探索建立领导干部和领导干部数字素养与数字治理能力评价指标体系，并纳入到绩效考核中。通过必要的考核，引导领导干部提高用数据说话、用数据决策、用数据管理的能力，鼓励他们运用数字技术创新管理和服务，提高数字政府建设水平。同时，在领导干部选拔任用中，加强数字能力方面的考察，扩充职业能力测试范围，全面营造重视数字素养与数字治理能力的浓厚氛围。对敢于创新、善于运用数据和信息化技术手段且成效显著的领导干部要大胆使用、选树典型。鼓励各地领导干部跨部门开展创新实践，将好的做法及时提炼总结，形成可推广、可复制的经验，并将相关成果纳入评价考核体系。

三　加强领导干部信息数字化建设

查阅干部档案是干部考察中必不可少的环节，干部考察尤其是批量调研干部人选，前期的基础工作就是认真审阅干部档案。全面完整的干部信息是做好分析研判、撰写现实表现材料的基础，而加强干部信息数字化建设，致力于做到"政治生命周期"全记录则是精准识别干部的关键。

一是建立干部"全政治生命周期"信息数字化管理系统。应跳出当前把纸质档案扫描压缩形成电子档案信息库的思维局限和工作局限，以信息事项的不同类别为纵轴，以干部政治生命周期的不同时段为横轴，建立健全干部信息数字化系统，每个时期每个阶段完整录入干部基本情况、家庭成员、奖惩考核、学习培训、任职考察等信息。当组织需要了解人选不同时期的政治表现或其他信息，或者是某一特定阶段干部的德、能、勤、绩、廉综合表现时，打开系统就能一目了然。同样，当组织选拔某类岗位所需要的人才时，在系统上列出相关条件就能很快框定范围，推动人岗更为匹配。

二是确保信息数据的唯一性。正如一个人的档案伴随其终生一样，数字信息也应当是唯一的，不能不同单位不同时期多头记录，以确保其真实性、权威性。可建立全国统一的干部信息数字管理系统，保证各地方各单位系统的一致性，实现相互之间数据能够接入，干部调动后能够同步转入、调阅和审核，干部财产、配偶子女、道德诚信等实现全景式掌握。

三是实行分级式授权管理。数字信息系统建立后，要实行更加严格的保密管理，可根据干部管理权限授予不同级别的查阅权限，严格规定使用范围，如因专项工作需授权某些特定人员使用，可赋予短期使用权，以防信息外泄。

第四节 领导干部数字化能力提升的外在促成

数字治理能力是国家治理体系和治理能力现代化的必要基础，是数字时代领导干部履职必备的能力素质。推动高质量发

展，加快数字中国建设，必须提高领导干部数字治理能力。"数
化万物"浪潮之下，网络空间日益成为为人民服务、开展综合
治理的重要渠道。领导干部这一"关键少数"的数字治理水平
成为其适应时代发展的基础能力及其政治智慧的潜在检验。应
立足国家战略高度，构建领导者数字素养培育机制，强化数字
治理思维、破解"数据孤岛"难题，整合数字治理资源、深化
数字人才培养战略，打造数字治理梯队、防范数字技术异化危
机，把控数字治理风险四重维度，不断提升数字治理能力，推
进数字时代的治理现代化。

一　将数据治理作为重要的管理基础

被后世称为科学管理之父的泰勒（Taylor）在 1912 年即提
出，科学管理需要管理者承担一个责任，就是有意识地收集所
有实践性知识，并用表格形式列出来，在很多情况下还要把它
总结成规律、规则甚至是数学公式加以运用，这些知识以往只
存在于人们的头脑中、身体技能或工作诀窍中。数据分析对于
提高领导工作的科学性一直以来都发挥着至关重要的作用，我
们所处的时代数据广泛存在，对数据分析提出了新的挑战，因
为当前我们面临的问题往往已不是缺乏数据，而是数据过多过
滥，难以发现有用的数据。数据不可见、数据不能访问、数据
难于理解、数据不可关联、数据不可信、数据不能互操作、数
据使用不安全、数据难以用于决策等问题普遍存在，必须进行

有效的数据治理，从而发挥数据在管理工作中的基础性作用。数据治理是组织中涉及数据使用的一整套管理行为，有效的数据治理是通过建立组织架构，明确各级管理者及相关部门的职责要求，制定和实施系统化的制度、流程和方法的动态过程，其目的是确保数据统一管理、高效运行，并在管理过程中充分发挥价值。建立数据治理的组织架构需要设定数据治理负责人，成立数据管理部门，指定数据管理人员、数据保管人员和数据处理人员等。当前，我国有越来越多的省、市政府成立了大数据管理机构，任命了首席数据官，《杭州高新区首席数据官制度》《广东省首席数据官制度试点工作方案》《江苏省关于在全省推行企业首席数据官制度的通知》等相继公布，广东省还提出探索首席数据官支撑团队、绩效评估创新等方面的配套措施，这些做法为提升领导干部数据领导力建立了良好基础。

二　努力形成基于数据的决策文化

决策文化是决策者在长期实践过程中形成的一种思想意识和思维方式。习近平总书记指出，"领导干部想问题、作决策，一定要对国之大者心中有数，多打大算盘、算大账，少打小算盘、算小账"①。这既是对领导干部要树立大局观的要求，也是对科学决策的要求。科学决策要求打好算盘算好账，掌握了宏观、中观及微观数据，就能心中有数，算清楚大账和小账。形

---

① 习近平：《努力成为可堪大用能担重任的栋梁之才》，《求是》2022 年第 3 期。

成基于数据的决策文化就是在组织内部各个管理层级形成用数据说话、用数据管理、用数据决策、用数据创新、用数据解决实际问题的思维和理念，使各级干部能够自觉自愿地作出基于数据的决策。奥特（Ott）在《了解组织文化》一书中进行的研究认为，一个组织的文化可被多种因素塑造，例如组织身处的社会文化，它拥有的技术、市场和竞争力，它的主要创建者或早期领导者的个性品格等。组织文化的改变存在两条路径，一是通过改变组织内部的行为规范来改变；二是通过领导倡导，再从上至下带动整个组织共同努力来改变。在数字社会、数字中国建设背景下，我们所处的社会文化发生了变化、政府服务的工具发生了变化、服务对象行为偏好发生了变化、竞争环境发生了变化，敦促着领导干部通过行为规范的制定或话语及行为的倡导，努力形成适应时代发展需要的决策文化，即基于数据的决策文化。

三 多渠道培养领导干部数字治理能力

首先，发挥各级党校（行政学院）培训领导干部专业化能力的优势，把提高领导干部数字治理能力作为专业化能力培训内容。组织党校（行政学院）教师开展领导干部数字治理能力提升专题研究，深入调研不同层次、不同级别领导干部数字素养的现状，摸清存在的盲点、误区，及时开发数字治理能力提升系列课程。编制《领导干部和领导干部数字素养与技能培训大纲》，逐渐形成完善的培训体系，全面提高各级领导干部的数字思维、数字意识和数字应用能力。其次，建设领导干部数字治理能力实训教学基地。以实训教学基地为平台，组织领导干部到教学基地实地感受数字化运用场景，切身体验数字化前沿技术，以实践案例形式触发各级领导干部的数字思维逻辑，转变传统治理观念和治理手段，全面提升现代化治理水平。最后，充分利用"网上党校"，丰富整合数字政府、数字经济、数字社会等领域线上培训资源，向全国各级党校（行政学院）系统参训领导干部资源共享。紧扣数字政府建设转型需求，对现有干部网络教育平台内容更新扩容，增加干部队伍数字素养教育和数字治理能力方面的优质资源供给。

四　提升领导干部数字治理效能

提高领导干部数字治理能力的最终目的是要把它转化为治理效能的提升。领导干部应充分发挥自我革新、自我完善的精神，加强主动学习数字化知识的意识，努力增强自身数字化知识的广度和深度，夯实主动利用大数据和数字化手段进行科学决策、精准施策的能力。对数字治理的要求变被动接受为主动吸收，切实将数字应用能力的提高落实到对互联网规律的把握、对网络舆论的引导、对数字化转型的驾驭、对数字安全的保障等方面上来。充分发挥学以致用的实践精神，善于获取数据、分析数据、运用数据，紧密结合各项工作实际，用数据说话、用数据决策、用数据管理、用数据创新，并拓宽数字化知识领域的知悉程度，严把数字安全关，全面提升党政机关的决策和履职效率。领导干部还应经常深入一线数字企业考察学习，洞察产业数字化和数字产业化发展趋势，增强服务高质量发展的本领。

五 促进治理能力向治理效能的转化

提高领导干部数字治理能力的最终目的是要把它转化为政府治理效能的提升。领导干部应充分发挥自我革新、自我完善的精神，加强主动学习数字化知识的意识，努力增强自身数字化知识的广度和深度，夯实利用大数据和数字化手段进行科学决策、精准施策的能力。对数字治理的要求变被动接受为主动吸收，切实将数字应用能力的提高落实到对互联网规律的把握、对网络舆论的引导、对数字化转型的驾驭、对数字安全的保障等方面上来。依托各地"城市大脑"、智慧社区、电子政务等实践平台，经常性开展数字治理能力提升实践教学，在研究解决数字政府建设实际问题中改善政府治理服务，提升政府数字治理效能。数据领导力的施力主体虽然是领导者，但其施力效果涉及领导者与被领导者双方的良性互动，需要二者共同作出改变。

第五节　强化领导干部数字化能力
提升的基础保障

一　加强数字基础设施建设

要实现数字治理、提升领导干部数字素养和数字治理能力，治理主体和客体都必须深度接触数字治理实践，因此必须加强数字基础设施建设。要促进数字基础设施城乡、地区协调发展，特别是要加强农村地区数字基础设施建设，如互联网、宽带、5G基站等，实现互联网应接尽接，对已有的数字基础设施也应注意适时优化升级。牵住数字素养和技能提升顶层设计这个"筑基"的"牛鼻子"。这就意味着，首先要优化配置战略发展资源，制定具体的、可衡量的、可实现的数字素养提升目标，明确相关部门责任，制定清晰的执行路线图，并保证有充足的资金用以提升数字素养。目前，尤为关键的是要缩小普遍存在的接入鸿沟，增强和提升数字访问的可及性。其次要继续推进固定电信基础设施建设，尽快实现全国网络全覆盖。强大的ICT设施是数字化转型的基础，在以互联网快速普及为特征的信息化社会中加快数字访问的可及性是"数字革命"的内在要求。推动国家《数字乡村发展战略纲要》落实，将数字乡村建设融入信息化规划和乡村振兴重点工程，持续加大落后地区宽带网络和移动通信基站建设投入，打通网络基础设施的"最后一公里"。具体推进策略可参照发达国家经验，加强政企合作，加快乡村信息化基础设施建设进程。例如，英国政府就采取与通信公司合作的方式，为居民、社区、中小型企业以及无法访问网络的群体提供差异性的宽带项目，并通过政府财政资助提高网络速度，拓宽农村及偏远地区的网络覆盖范围，以实现城市普及高速宽带和农村地区普及标准宽带的目标。最后要将数字信息服务纳入免费基本公共服务中，切实推进提速降费和电信服务设施普及工作，提升数字技术对全体公民的可及性，消除接触网络机会的不平等。针对不同群体分类实施降费策略，例如为家庭低收入群体提供专项补贴计划，降低信息通信成本，减轻弱势群体的数字接入负担，这已经成为发达国家的常用政策工具。例如，新加坡政府 2022 年通过的《覆盖全国的高速宽带多媒体网络计划（Singapore One）》，确保全国民众能够顺利接入并高速享用网络信息服务平台 7×24 小时的全天候服务。

二 扩大优质数字资源供给

强化扩优工程的实质是扩大优质数字资源供给，优化完善数字资源获取渠道，搭建以用户为中心的数字化平台。以生命周期理论为指导，围绕人民群众密切关注的住房、教育、医疗、卫生等重点民生领域问题，构建数字应用场景，以场景应用带动整体提升。政府数字化平台的目标不应该止步于提供数字化的信息与服务，还要着力提高平台对用户的吸引力，打造具有用户黏性的数字化服务平台，进而实现三个基本目标：一是便利易于操作；二是信息或服务有价值；三是利于提升用户黏性。为了提高数字服务质量，瑞典政府在 2018 年专门通过了《关于数字公共服务可及性的法案》，要求公共组织所提供的数字服务或者信息必须是可感知的、可操作的、可理解和完备的。感知的便利性和感知的有用性是影响公民是否使用某个数字化技术或平台的关键因素。便利性的感知来源于：操作界面简单明了，系统使用流畅，公民可以在任何时间或地点获得重要的信息或服务等。感知的有用性被界定为"一个人认为使用某种特定技术将提高其工作绩效的程度"。简单来说，就是要让公民了解使用数字化服务的益处，能够切实解决公民遇到的社会问题，实现数字惠民，提升公民的获得感和幸福感。扩大优质数字资源供给，打破"数据孤岛"不可缺位。为此，应遵循"访问（access）→吸引（attract）→实现（achieve）"的 3A 步骤或流程，消解当前各个部门面临的"数据壁垒"。道理显而易见，只有实现后台数据的跨部门整合与共享才能为公民提供"一站式"的公共服务。这需要对政府整个业务流程进行实质性的改进，共同优化重塑流程，实现跨部门的协作合作，建立覆盖大部分政府部门的协同体系和更广泛的公共服务链。各政府职能部门应采取统一的标准处理数据，规范数据存储形式、调用方式和业务系统接口，提高数据资源的整合与共享程度，构建智能化、便捷化的数字化公共服务体系，加强政府、企业、社会等各类信息系统的业务协同、数据联动，简化业务流程，减少繁琐的技术操作，改善公民的数字服务体验。进一步开放数据，提升数据开放的广度和质量；通过立法，明确公共部门对公众开放数据的法定义务，逐步实现开放是通则、不开放是特例的目标，确保公众能够方便快捷获取公共数据。

三　营造良好数字生态，优化强治工程

首先，营造良好的数字生态要规则先行，加快推动数字生态的制度建设。目前，在面对数字生态的问题时，"救火式"治理偏多，往往是发生问题了再去治理，无法做到前瞻性布防。即使有"一事一策"的应激式应对，若没有从规则层面扎紧制度牢笼，则不利于数字生态的稳定和持续。2020 年 4 月，《中共中央　国务院关于构建更加完善的要素市场化配置体制机制的意见》对外公布，正式将数据列为与土地、劳动力、资本、技术等传统要素并列的新型生产要素。此举无疑要建立完善健全数据要素市场规则，加快推动数据要素的流动和交易，最大限度激发数据活力和潜能。在数字生态领域，应探索建立更多类似的制度，加强数据确权、推动数据交易、数据跨境流动及监督执法制度配套体系建设，通过制度型治理来规范数字生态。其次，坚持包容审慎的原则，多措并举强化数字监管。平台监

管的原则和模式应按类别和领域进行明确。对于大型数字技术平台和关系国计民生的平台，监管应覆盖平台的所有风险点。对于行业规模较小的新兴业务形式和平台，给予适当的宽容，鼓励创新。探索创新监管方式，适时采用大数据、人工智能、区块链等前沿技术实行在线实时监测风险；建立行业自律机制，深入推进"清朗""净网"等系列专项行动，持续净化网络空间切实保障公民可以安全使用智能化产品、享受智能化服务。最后，要加强网络安全保护，为数字生态筑起牢固的"防火墙"。全面构建数据安全法治框架体系，按照具体应用场景进一步厘清和明确《数据安全法》的实施细则，为我国数字政府建设中的数据安全提供法治保障。认真贯彻落实《个人信息保护法》，完善个人信息保护等领域的基础性立法，强化数据资源全生命周期安全保护，维护广大人民群众的正当权益。创新推动网络数据安全技术防护能力建设，充分利用新型数字技术加强公民信息安全与保护。例如，可以借鉴丹麦政府为每个公民创造独立安全密钥的做法，保护公民在访问数字平台时的信息安全。

四　鼓励平台创新，规范引导平台建设

数字服务平台是承担着市场监管和公共服务等职能的利器，加快推动平台创新，规范引导其建设是未来平台健康发展的重要举措。"工欲善其事，必先利其器"，数字治理平台就是领导干部实行数字治理的利器，目前已有的能利用的平台有国家和

各地政务服务平台，除此之外，微博、微信、支付宝小程序等在社会治理实践中也发挥了重大作用。在充分利用已有平台的同时要加强全国统一大平台的开发，"加强全国一体化平台移动端建设顶层设计，充分发挥国家政务服务平台移动端总枢纽作用，推动各地区各部门移动政务服务资源整合和政务服务平台移动端集约化建设，全面提升一体化服务能力"[1]。第一，应坚持以人民为中心的发展理念，加强对教育、医疗卫生、社会保障等关乎民生福祉平台的开发，切实让数字治理和数字技术惠及百姓。第二，创造数字治理新平台，整合各部门、各单位资源，以便捷化为重要导向，提高服务效率和治理效能，不断满足人民群众在数字化时代对美好生活的向往。第三，设立平台责任评估指数，加强平台自律和行业监管，充分发挥平台用户的反馈评价功能，调动平台用户对平台履责情况打分的积极性，营造良好的平台环境。数字技术为人们打造了更加美好、更加便捷的社会生活，领导干部要努力提高数字素养和数字治理能力，秉持不畏困难的决心，迎难而上，在学习应用数字技术的过程中发现问题、分析问题、解决问题、总结问题，不断提升治理能力，增强自身本领，以各项工作的落实推动数字技术发展取得新成效。

---

[1] 国务院办公厅：《全国一体化政务服务平台移动端建设指南》，《国务院办公厅关于印发全国一体化政务服务平台移动端建设指南的通知》（国办函〔2021〕105号），2021年9月29日。

附　　录

附录一　领导干部数字素养评价指标专家调查表

尊敬的专家：

　　您好！非常感谢您百忙之中抽空填写此专家调查表。我们正在开展一项"领导干部数字素养评价指标体系"的研究，请您对领导干部数字素养各项指标的重要性进行判断，填写本表大约需要 5 分钟时间。您的专家意见对我们的研究十分重要。再次感谢您的帮助！

　　【填表说明】

　　在政府数字化转型的大背景下，领导干部数字素养影响着数字政府的建设效率和建设质量。领导干部是政策落实的"最后一双手"，培养和提升领导干部的数字素养是适应和推动数字政府建设的重要环节。领导干部数字素养指政府基层工作人员

（县级及县级以下）为适应数字时代变革，高效、创新、安全地使用数字工具，适应业务流程，履行公职任务目标所应具备的知识、技能等显性素养以及态度、意识和动机等显性素养的总和。

本书初步构建了领导干部数字素养评价指标体系，包含一级指标 5 个、二级指标 16 个。请您分别对一级、二级指标的重要性进行评价，在 1 非常不重要、2 比较不重要、3 一般重要、4 比较重要、5 非常重要中填写重要性评分，评分可以是整数或一位小数。

领导干部数字素养一级指标重要性评价

一级指标	指标说明	重要性评分 1 2 3 4 5
数字知识	领导干部在利用数字技术建设数字政府的过程中积累的经验总和。数字知识包括基本知识、安全知识、法规知识和数字政府专业知识。	
数字技能	领导干部对数字工具（包括硬件与软件）的使用以及获取、分析、加工、评价信息并创造新信息的能力。数字技能包括操作技能、信息技能、社交技能、创新技能。	
数字意识	领导干部在数字政府建设过程中产生的与数字技术相关的认识与观念的总和。数字意识包括价值意识、公开意识、服务意识、安全意识。	
数字态度	领导干部对数字技术乃至数字政府建设的态度，是否能够接受数字技术对工作和生活带来的影响，并且对数字技术的持续应用持乐观态度，包括数字接受度与数字忠诚度。	

一级指标	指标说明	重要性评分 1 2 3 4 5
数字动机	领导干部重视数字素养的提升，在工作与生活中有主动学习并使用数字技术、工具的意愿。数字动机是领导干部数字素养培养与提升的内驱力，包括内在动机、外在动机。	

附录二　领导干部数字素养调查问卷

尊敬的领导干部朋友：

您好！非常感谢您能在百忙之中抽空填写此问卷调查。本问卷旨在了解领导干部的数字素养状况，所获取资料仅为分析和研究之用。本问卷不记姓名，仅您的作答将会严格保密，所有答案没有对错好坏之分，请您根据实际情况作答。您的意见和建议对我们的研究非常重要，非常感谢您的支持与合作！

一　领导干部基本信息

1. 您的性别：

　　□男　　　　　　　□女

2. 您的年龄：

　　□20—30 岁　　　□31—40 岁　　　□41—50 岁

□50 岁以上

3. 您的文化程度：

　　□大专及以下　　　□本科　　　　　　□硕士及以上

4. 您从事领导干部工作的年限：

　　□5 年及以下　　　□6—10 年　　　　□11—15 年

　　□15 年以上

5. 您所承担工作的类别：

　　□综合管理类　　　□专业技术类　　　□行政执法类

6. 您的职级是

　　□厅级领导职务　　□处级领导职务　　□科级及以下

二　领导干部数字素养评价

说明：请您根据自身实际情况进行选择，在 1 完全不符合；2 比较不符合；3 一般符合；4 比较符合；5 完全符合。请您在这 5 个选项中选择一项，选项分值越高代表自身的实际状况与问题所描述状况符合度越高。

素养描述	素养评估
数字信息	符合程度
1. 您具有政务信息公开的意识并能有效地实施	1　2　3　4　5
2. 您具有数据开放的意识并支持开放政府数据	1　2　3　4　5
3. 您具有主动在线上向公众和市场提供有效信息的意识	1　2　3　4　5
数字交流	符合程度
4. 您能够利用互联网等平台快速、全面、准确地搜寻到自己所需的信息	1　2　3　4　5

续表

素养描述	素养评估
5. 您能够通过互联网以及各种数字政务平台更好地了解民情民意、开展互动和回应社会关切	1　2　3　4　5
6. 您能够对所获信息进行有效的组织、分析和存储	1　2　3　4　5
数字协同	符合程度
7. 您能够通过各种数字平台（如山东通等）有效开展内外部的工作协作	1　2　3　4　5
8. 您能够借助网络等数字技术发表观点并有效引导舆论	1　2　3　4　5
9. 您能够评估所获信息的价值及其与工作的相关性	1　2　3　4　5
数字安全	符合程度
10. 您具有在数字环境中保护个人数据和隐私的意识	1　2　3　4　5
11. 您具有良好的工作信息保密意识	1　2　3　4　5
12. 您了解有关网络数据安全的相关知识，例如信息安全、数据加密、病毒识别等	1　2　3　4　5
数字学习	符合程度
13. 您重视自身数字能力的提升（数字能力指用数字化的手段解决问题的能力）	1　2　3　4　5
14. 您愿意通过学习培训以提升数字理论知识	1　2　3　4　5
15. 您愿意利用数字工具（如线上系统/软件/平台）有效地开展学习以提升数字技能	1　2　3　4　5
数字伦理	符合程度
16. 您是否自觉规范各项上网行为	1　2　3　4　5
17. 您愿意发挥网上数字信息的引导作用	1　2　3　4　5
18. 您对数字内容的撰写	1　2　3　4　5

参考文献

中文主要参考文献

陈小芹：《电子政务背景下提升公务员信息素养的探讨》，《中国经贸导刊》2014 年第 11 期。

杜超、赵雪娇：《基于"政府即平台"发展趋势的政府大数据平台建设》，《中国行政管理》2018 年第 12 期。

段柯：《数字时代领导力的维度特征与提升路径》，《领导科学》2020 年第 8 期。

高奇琦：《国家数字能力：数字革命中的国家治理能力建设》，《中国社会科学》2023 年第 1 期。

郭一弓：《欧盟数字素养框架 DigComp2.1：分析与启示》，《数字教育》2017 年第 5 期。

黄建伟、刘军：《欧美数字治理的发展及其对中国的启示》，《中国行政管理》2019 年第 6 期。

韩兆柱、马文娟：《数字治理理论研究综述》，《甘肃行政学院学报》2016 年第 1 期。

郝媛玲、沈婷婷：《数据素养及其培养机制的构建与策略思考》，《情报理论与实践》2016 年第 8 期。

刘洁丽、唐琼：《欧盟公民数字能力框架应用案例分析及启示》，《图书馆杂志》2021 年第 4 期。

刘玉屏、李晓东、郝佳昕：《国际中文教师数字能力现状与影响因素研究》，《民族教育研究》2021 年第 3 期。

［美］里豪克斯·拉金：《QCA 设计原理与应用》，杜云周等译，机械工业出版社 2017 年版。

李军鹏：《面向基本现代化的数字政府建设方略》，《改革》2020 年第 12 期。

李素玲：《领导干部要注重提高数字治理能力》，《中国党政干部论坛》2020 年第 5 期。

林艳、关瑜婷、孙淑红：《科技型企业应用区块链技术创新的影响因素及路径研究》，《软科学》2021 年第 3 期。

李燕萍、李乐、胡翔：《数字化人力资源管理：整合框架与研究展望》，《科技进步与对策》2021 年第 12 期。

卢向东：《准确把握数字化转型趋势 加快推进数字政府建设——从"数字战疫"到数字政府建设的实践与思考》，《中国行政管理》2020 年第 11 期。

孟天广：《政府数字化转型的要素、机制与路径——兼论"技术赋能"与"技术赋权"的双向驱动》，《治理研究》2021

年第 1 期。

苏保忠：《基层公务员素质与能力建设》，清华大学出版社 2009 年版。

汪晋：《教师网络学习采纳行为与教学能力提升的关系研究》，《高教学刊》2021 年第 7 期。

魏礼群、顾朝曦等：《数字治理：人类社会面临的新课题》，《社会政策研究》2021 年第 2 期。

王少泉：《我国数字政府治理的现状、问题及推进途径》，《重庆三峡学院学报》2018 年第 6 期。

文敏、李磊、梁丽芝：《基层公务员能力素质测评模型的构建与实证分析》，《行政与法》2019 年第 5 期。

王益民：《数字政府整体架构与评估体系》，《中国领导科学》2020 年第 1 期。

王佑镁、杨晓兰、胡玮：《从数字素养到数字能力：概念流变、构成要素与整合模型》，《远程教育杂志》2013 年第 3 期。

徐东华、金隽竹、邓岚月：《我国基层公务员网络信息素养调查》，《北京电子科技学院学报》2020 年第 1 期。

谢璐、韩文龙、陈翯：《人工智能对就业的多重效应及影响》，《当代经济研究》2019 年第 9 期。

薛澜、赵静：《走向敏捷治理：新兴产业发展与监管模式探究》，《中国行政管理》2019 年第 8 期。

杨浩、徐娟、郑旭东：《信息时代的数字公民教育》，《中国电化教育》2016 年第 1 期。

臧超、徐嘉：《数字化时代推进政府领导力的三重向度》，《领导科学》2020 年第 10 期。

曾明磊：《浅谈公务员信息技术素质培养》，《中国科技纵横》2014 年第 6 期。

张光宇、欧春尧、刘贻新：《人工智能企业何以实现颠覆性创新？基于扎根理论的探索》，《科学学研究》2021 年第 4 期。

竺乾威：《公共行政理论》，复旦大学出版社 2008 版。

竺乾威：《经济新常态下的政府行为调整》，《中国行政管理》2015 年第 4 期。

郑磊：《数字治理的效度、温度和尺度》，《治理研究》2021 年第 2 期。

周文辉：《知识服务、价值共创与创新绩效：基于扎根理论的多案例研究》，《科学学研究》2015 年第 4 期。

赵文、李月娇、赵会会：《政府研发补贴有助于企业创新效率提升吗？基于模糊集定性比较分析的研究》，《研究与发展管理》2020 年第 2 期。

英文主要文献

Collewaert V. , Anseel F. , Crommelinck M. , Beuckelaer A. D. , Vermeire J. , "When Passion Fades：Disentangling The Temporal Dynamics of Entrepreneurial Passion For Founding" *Jour-*

nal of Management Studies, Vol. 53, No. 6, June 2016.

Erez P., lna B., Azy B., "Measuring Digital Literacies: Junior High – school Students' Perceived Competencies Versus Actual Performance" *Computers & Education*, Vol. 126, No. 2, July 2018.

Pandit N. R., "The Creation of Theory: A Recent Application of The Grounded Theory Method" *Qualitative Report*, Vol. 5, No. 4, April 1996.

Stone D. L., Deadrick D. L., Lukaszewski K. M., Richard lohnson, "The Influence of Technology on The Future of Human Resource Management" *Human Resource Management Review*, Vol. 25, No. 2, February 2015.

Wilson H. J., "Collaborative Intelligence: Humans And AI Are Joining Forces" *Harvard Business Review*, Vol. 96, No. 4, June 2018.

后　记

　　正说着济南夏季的炎热，转眼又一年立秋到，但仍感觉不到一丝的凉意，涌上心头的是繁多的工作任务安排。计划写这本书已很长时间了，应该是从 2022 年年初，有幸立项山东省社会科学规划项目，为本书的完成提供了宝贵的支持。完成本书，既是对此项目的一个总结，也是自己工作的一部分。怠于懒惰和一些琐碎事务，一拖再拖，直到面临实在不能再推迟的时刻，才紧急联系出版社编辑黄老师商量出版事宜。研究领导干部数字化能力提升问题，一是源于快速到来的数字时代，让各类干部人才不得不快速适应这一变化，也必须接受它带来的各种挑战；二是源于工作服务的对象是各级领导干部，围绕干部能力提升问题开展研究是党校工作的核心，也是推进中国式现代化的关键环节，其重要性不必赘述。同时，对自己来说也是开辟了一个全新的研究领域，从收集相关报刊文章到研读博士论文，逐渐积累对此问题的认知，纵深拓展研究深度。一步步构思本书的框架内容，直至形成现在的篇目布局。出版本书，从学术研究层面来说，可能的边际贡献在于对领导干部现代化能力建设问题提供一些素材，拓宽研究视角等。从个人角度看，写书过程提升了自己的学术研究功底，沉淀了知识积累，丰富了理论视野。

在研究过程中，感谢联系的各位领导专家对调研问卷的指导配合，感谢山东省委党校主体班次耐心填写问卷和接受访谈的各位学员，没有你们的积极配合，我将无法完成这么繁重的工作任务。感谢山东省社科规划办和单位创新项目的资助，感谢单位领导同事对本人工作的支持帮助。此外，还要特别感谢中国社会科学出版社黄山老师的耐心审阅编辑和紧张的加班加点工作，黄山老师校对书稿认真负责、一丝不苟，其工作态度令人敬佩。漫长学术路，未来还将继续前行，我将倍加努力工作，以突出的工作业绩回报一路提供帮助过的人。

孙学立于济南燕子山

2024 年 8 月